J. Mohr   Ch. Schubert   (Hrsg.)

Partnerschaft und Sexualität bei geistiger Behinderung

Springer-Verlag
Berlin Heidelberg New York
London Paris Tokyo
Hong Kong Barcelona

Dr. med. Jürgen Mohr, Arzt und Pfarrer
Dipl.-Volkswirt Christoph Schubert
Evangelische Akademie Bad Boll
W-7325 Bad Boll, BRD

CIP-Titelaufnahme der Deutschen Bibliothek
Partnerschaft und Sexualität bei geistiger Behinderung / J. Mohr; Ch. Schubert (Hrsg.). –
Berlin; Heidelberg; New York; London; Paris; Tokyo; Hong Kong; Barcelona: Springer, 1991
ISBN-13: 978-3-540-50767-3   e-ISBN-13: 978-3-642-74429-7
DOI: 10.1007/978-3-642-74429-7

NE: Mohr, Jürgen [Hrsg.]

Dieses Werk ist urheberrechtlich geschützt. Die dadurch begründeten Rechte, insbesondere die der Übersetzung, des Nachdrucks, des Vortrags, der Entnahme von Abbildungen und Tabellen, der Funksendung, der Mikroverfilmung oder der Vervielfältigung auf anderen Wegen und der Speicherung in Datenverarbeitungsanlagen, bleiben, auch bei nur auszugsweiser Verwertung, vorbehalten. Eine Vervielfältigung dieses Werkes oder von Teilen dieses Werkes ist auch im Einzelfall nur in den Grenzen der gesetzlichen Bestimmungen des Urheberrechtsgesetzes der Bundesrepublik Deutschland vom 9. September 1965 in der jeweils gültigen Fassung zulässig. Sie ist grundsätzlich vergütungspflichtig. Zuwiderhandlungen unterliegen den Strafbestimmungen des Urheberrechtsgesetzes.

© Springer-Verlag Berlin Heidelberg 1991

Die Wiedergabe von Gebrauchsnamen, Handelsnamen, Warenbezeichnungen usw. in diesem Werk berechtigt auch ohne besondere Kennzeichnung nicht zu der Annahme, daß solche Namen im Sinne der Warenzeichen- und Markenschutz-Gesetzgebung als frei zu betrachten wären und daher von jedermann benutzt werden dürften.
Produkthaftung: Für Angaben über Dosierungsanweisungen und Applikationsformen kann vom Verlag keine Gewähr übernommen werden. Derartige Angaben müssen vom jeweiligen Anwender im Einzelfall anhand anderer Literaturstellen auf ihre Richtigkeit überprüft werden.

Satz: Elsner & Behrens GmbH, Oftersheim
19/3130-543210 – Gedruckt auf säurefreiem Papier

Vorwort

Im Dezember 1988 fand in der Evangelischen Akademie Bad Boll die Tagung statt, deren Referate und wesentlichen Diskussionsaussagen das vorliegende Buch dokumentieren soll. Dazwischen liegt eine außergewöhnlich lange Zeit, in der die Geduld der Tagungsteilnehmer und -teilnehmerinnen und die der Herausgeber auf eine große Probe gestellt wurde.

Das Tagungskonzept schlug einen weiten Bogen von der Sexualpädagogik, wie sie in verschiedenen bundesdeutschen Heimen unterschiedlicher konfessioneller Prägung betrieben wird, über die Hoffnungen und Ängste der Eltern und Betreuer bis hin zum damaligen Entwurf eines Gesetzes zur Reform des Vormundschafts- und Pflegschaftsrechts für Volljährige (Betreuungsgesetz BtG), der u. a. eben auch die Sterilisationsproblematik regeln wollte. Inzwischen ist dieses Gesetz vom Deutschen Bundestag verabschiedet worden (Gesetzesbeschluß vom 25. 04. 1990). Zwangssterilisation und Sterilisation von Minderjährigen sollen nach Inkrafttreten des Gesetzes verboten sein. „Im übrigen wird die Einwilligung des Betreuers in die Sterilisation eines einwilligungsunfähigen Volljährigen nur in ganz seltenen Ausnahmefällen zur Abwendung schwerster Notlagen zugelassen" (zitiert aus dem Gesetzesentwurf vom 11. 05. 1989).

Nicht unerwähnt soll bleiben, daß wir im Vorbereitungskreis mehr und mehr zu der Einsicht kamen, daß eine solche „interdisziplinäre" Fachtagung auch in der Zusammensetzung der Teilnehmerinnen und Teilnehmer die Gruppe der Betroffenen widerspiegeln sollte.

So tauschten geistig behinderte Frauen und Männer ihre Erfahrungen, Hoffnungen, Wünsche und Ängste unter dem Gesichtspunkt „Wie wir wohnen und leben möchten" (AG 1) aus. Ihre im Plenum an uns alle gestellte Anfrage bleibt als offene Frage im Raum stehen – ob es uns wirklich gelang, sie als „normale" Teilnehmerinnen und Teilnehmer in unsere Tagung zu integrieren.

Mit dieser Dokumentation soll nicht zuletzt die Diskussion in den Heimen und Anstalten bereichert und in Gang gehalten werden. Viel zu lange haben wir die Realität, daß auch geistig behinderte Frauen und Männer selbstverständlich „eine Sexualität haben", aus unserem Bewußtsein ausgeblendet und die Möglichkeit, daß sie diese Sexualität ebenso selbstverständlich auch leben können müssen, mit fragwürdigen Mitteln unter dem fadenscheinigen Vorwand verhindert, wir, die Betreuerinnen und Betreuer, wüßten schon, was für die uns anvertrauten Frauen und Männer „das Beste" und „das Richtige" sei.

In unserem Bemühen, hier neue Wege für Partnerschaft und Sexualität der Menschen mit geistiger Behinderung zu finden und zu eröffnen, liegt auch ein Stück Aufarbeitung schuldhafter Vergangenheit.

An dieser Stelle sage ich dem Bundesministerium für Jugend, Familie, Frauen und Gesundheit Dank für eine großzügige Beteiligung an den Druckkosten, die es möglich macht, daß dieses Buch zu einem erschwinglichen Ladenpreis auch gerade von denjenigen erworben werden kann, die sich nicht nur beruflich oder wissenschaftlich mit der hier verhandelten Problematik auseinandersetzen, sondern existentiell und alltäglich, weil sie Eltern von heranwachsenden oder erwachsenen geistig behinderten Kindern sind.

Im BMJFFG war es Frau Regierungsdirektorin Elke Keinath-Vogel, die uns bei der inhaltlichen und programmatischen Strukturierung dieser Tagung in wesentlichen Teilen half. Ihr ist stellvertretend für viele Ungenannte hier ebenfalls Dank zu sagen.

Bad Boll, im Januar 1991   Jürgen Mohr

Inhaltsverzeichnis

Praxiserfahrungen und Reflexionen
J. Bichler und D. Schäfer 1

Diskussion 1 10

Hoffnungen und Ängste –
die Sexualität unserer geistig behinderten Kinder
bzw. der Frauen und Männer in unseren Heimen
D. Kiesow und M. Müller-Erichsen 16

Überlegungen zu Sexualität und Partnerschaft,
zu Kinderwunsch und Sterilisation
geistig behinderter Menschen –
ein Plädoyer für die Sexualpädagogik
J. Walter 26

Diskussion 2 40

Gesetz über die Betreuung Volljähriger.
Zur aktuellen Entscheidungslage
A. Wolf 43

Diskussion 3 54

Die historische Dimension des neuen Sterilisationsgesetzes
M. Wunder 59

Diskussionsentwurf der Bundesvereinigung Lebenshilfe
für geistig Behinderte zur Frage der Schwangerschaftsverhütung
bei Menschen mit geistiger Behinderung
H. Krebs 68

Diskussion 4 76

Berichte der Arbeitsgruppen 84

Schlußforum:
Partnerschaft und Sexualität
bei geistig behinderten Erwachsenen
E. Keinath-Vogel 100

Ärztliche Stellungnahme
H. Paris 102

Diskussion 105

Anhang (A–C) 110

Autorenverzeichnis

Bichler, Jakob, Dipl.-Psych.
Stiftung Liebenau
W-7996 Meckenbeuren-Liebenau, BRD

Keinath-Vogel, Elke, Regierungsdirektorin
Bundesministerium für Jugend, Familie, Frauen und Gesundheit
Kennedyallee 105–107, W-5300 Bonn 2, BRD

Kiesow, Dieter, Dipl.-Sozialarbeiter
Evangelische Stiftung Alsterdorf
Alsterdorfer Straße 440, W-2000 Hamburg 60, BRD

Krebs, Heinz, Prof. Dr. med.
Kiefernweg 10a, W-5300 Bonn 1, BRD

Müller-Erichsen, Maren
Geschäftsführende Vorsitzende der Lebenshilfe
für geistig Behinderte, Gießen e. V.
Ringallee 64, W-6300 Gießen, BRD

Paris, Helmut, Dr. med.
Geschäftsführender Arzt
der Bezirksärztekammer Nordwürttemberg
Jahnstraße 32, W-7000 Stuttgart 70, BRD

Schäfer, Dietrich, Dr. rer. nat.
Arzt für Neurologie und Psychiatrie,
Leitender Arzt der Anstalt Stetten
W-7053 Kernen im Remstal, BRD

Walter, Joachim, Prof. Dr. rer. soc., Dipl.-Psych., Pfarrer
Evangelische Fachhochschule für Sozialwesen, Religionspädagogik
und Gemeindediakonie in Freiburg
Waldstraße 34, W-7801 Gottenheim, BRD

Wolf, Alfred, Dr. jur.
Ministerialdirigent, Bundesministerium der Justiz
Heinemannstraße 6, W-5300 Bonn 2, BRD

Wunder, Michael, Dipl.-Psych.
Evangelische Stiftung Alsterdorf
Alsterdorfer Straße 440, W-2000 Hamburg 60, BRD

Praxiserfahrungen und Reflexionen

J. Bichler (Teil I) und D. Schäfer (Teil II)

Teil I

Meine Aufgabe und Absicht ist es, ein Stück Alltag offenzulegen und damit unsere Tagung anzuregen. Dabei gehe ich so vor, daß ich im ersten Teil das Beispiel A nach einigen Seiten hin vorstelle und daran Zusammenfassungen anknüpfe. Im zweiten, kürzeren Teil erläutere ich Lernerträge aus Beispiel B. Der dritte Teil beinhaltet in Thesenform Erfahrungen, die über die Beispiele A und B hinausgehen. A und B sind Kürzel für die Namen von Frauen, die in der Stiftung Liebenau leben.

Beispiel A

Biographische Angaben

Aus Notizen am Aufnahmetag 1985:

> Abends wird kurzfristig die 36jährige Frau A aufgenommen. Aufnahmegrund: Krankenhausaufenthalt der Mutter.
> Frau A wird von ihrem Bruder und der Schwägerin gebracht. Frau X von der Kreis-Caritas-Stelle begleitet die Familie. Über die Eltern wird berichtet: Vater 79, Mutter 75 Jahre. Im Haushalt der Eltern lebt auch der 13jährige Sohn der behinderten Frau A.
> Sie habe die Volksschule besucht und sei seit einer Mittelohrentzündung mit Verdacht auf Hirnhautentzündung in dieser Zeit zu Hause.
> Alle 2 bis 3 Monate, v. a. bei Wetterumschwüngen, laufe Frau A von zu Hause weg. Bei Aufforderungen könne es vorkommen, daß sie aggressiv reagiere, in der Familie hauptsächlich der Mutter gegenüber. Außerdem habe sie auch schon mal einen Stein auf ein Auto geworfen oder ein Kind, das ihr vermeintlich den Weg versperrte, geschlagen. Beim Waschen und Anziehen brauche sie Kontrolle und immer wieder Aufforderung.

Lebensjahre und Ereignisse
Mit 6 Einschulung; mit 12 Erkrankung, Leistungsschwäche, Verhaltensänderungen; später einige Zeit Mithilfe in einem Altersheim; mit 20 kurzer PLK-Aufenthalt ohne Hinweis auf psychotische Symptome; mit 22 Entbindung eines Jungen: Vaterschaft ungeklärt, Bub lebt im Haushalt der Großeltern; mit 36 Aufnahme ins Heim.

Testdiagnostische Daten bald nach der Aufnahme
Intelligenzquotient von 57 bei unterschiedlichen Ergebnissen im Verbal- und im Handlungsteil; im Verbalteil 51. Keine psychotischen Symptome zum damaligen Zeitpunkt. Keine Medikamente.

Anlässe für die Thematisierung einer Sterilisation

Anfrage eines Gynäkologen bei einem Arzt der Einrichtung im Aufnahmejahr:

> Zur weiteren Verhütung wäre auch an eine laparoskopische Tubenligatur zu denken.

Dazu ist es vielleicht hilfreich zu wissen, daß die Frau mit Blutungen ankam. Sie rührten von einer Spirale her, die ihr vor 14 Jahren eingesetzt worden war.

Aus einem Brief des Bruders, der die Pflegschaft übernommen hat, im selben Jahr:

> Ferner würde ich zur Konzeptionsverhütung sehr befürworten, daß ein dafür notwendiger chirurgischer Eingriff gemacht wird.

Aussagen der Mitarbeiterinnen in der Wohngruppe:

> Gelegentlich fällt eine Bemerkung, die als Indiz für einen Intimkontakt gewertet werden könnte („mit einem Mann im Wald"), doch wissen wir nicht, ob sie sich auf längst vergangene Tage bezieht oder völlig harmlos ist. Einen festen Freund hat sie nicht. Angebliche Spaziergänge mit dem einen oder anderen bei uns lebenden Mann konnten wir nicht verifizieren. Frau A ist zu ca. 4/5 der gesamten Zeit quasi unter Aufsicht – bei der Arbeit in der Gruppe etc. Geht sie eigene Wege, so hält sie sich fast ausschließlich im Heimgelände auf.

Wer fragt also nach Sterilisation und warum?

Aus 3facher Motivation wurde die Frage aufgeworfen: 1) pragmatisch, 2) sozial und 3) pädagogisch.

1. *Pragmatisch* vom Facharzt, der mit der gynäkologischen Problematik konfrontiert ist. Er weist hin auf die aktuellen gesundheitlichen Schwierigkeiten und auf eine relativ einfache Lösungsmöglichkeit. Ich nenne das verkürzt die pragmatische Fragestellung.
2. *Soziale* Gründe motivieren die Familie. Die Eltern versorgen seit Jahr und Tag Frau A und deren inzwischen jugendlichen Sohn, der obendrein nicht einfach sei. Bruder und Schwägerin wollen definitiv verhindert wissen, daß Frau A ein zweites Kind zur Welt bringt. Sie wollen eine zusätzliche Belastung der alten Eltern und der eigenen Familie ausschließen, zumal zwischen der behinderten Mutter zu ihrem Kind noch nie irgendwelche Ansätze mütterlichen Verhaltens beobachtet worden sind. Überforderung und Erschöpfung sind genug. Ich bezeichne das – ungenau – als soziale Motivation.
3. Schließlich *pädagogisch:* So beschäftigen sich Betreuerinnen der Wohngruppe mit der Frage. Sie stehen im Dilemma zwischen Aufsichtspflicht und der Gewährung sinnvoller Freiräume. Auf letzteres wird zurückgeführt, daß Frau A immerhin seit über einem Jahr nicht mehr wegläuft. Den Ursprung dieser Art Frage heiße ich pädagogisch.

Zur Frage der Einwilligungsfähigkeit

Der Arzt an den Pfleger, der wegen des Einverständnisses zur Entfernung der Spirale und zur Sicherheitsabrasio angefragt wird:

> Da es sich dabei um einen Eingriff in Narkose handeln dürfte, stellt sich die Frage, ob die weitere Konzeptionsverhütung durch einen gleichzeitigen sterilisierenden Eingriff erfolgen soll ...
> Mit Frau A selbst haben wir auf einfachste Weise das Problem anzusprechen versucht, müssen jedoch feststellen, daß sie die Tragweite, den Sinn und die Begründung nicht zu ermessen vermag.

Der zuständige Heimleiter zur Äußerungsfähigkeit im allgemeinen:

> Es ist kennzeichnend für ihr Verbalverhalten, daß sie bei guter Laune klar und deutlich eine Mitteilung macht und unmittelbar danach mit ihren Gedanken wieder ganz woanders zu sein scheint. Dem Versuch, durch interessiertes Nachfragen eine Konversation in Gang zu bringen, entzieht sie sich durch Ausblenden.
> Eine neuerliche Intelligenzuntersuchung scheiterte, weil sie dem Aufforderungscharakter des Tests nicht nachkam.

Ob Einsicht in die Zusammenhänge vorhanden ist, kann danach nicht eindeutig mit ja oder nein beantwortet werden. Dafür sprechen gelegentliche kurze Zeitabschnitte, in denen manches besser begriffen wird als sonst. Auch ein gewisses Maß an räumlicher Orientierungsfähigkeit und die Geschicklichkeit in routinemäßigen Abläufen führen oder verführen ein wenig zur Annahme, es müsse Verständnis für dieses Thema zu wecken sein.

Bei suggestiver Gesprächsführung und großzügiger Auslegung von Einwilligungsfähigkeit wäre wohl auch Zustimmung konstatierbar. Bei der Feststellung von Einwilligungsfähigkeit bzw. dem Gegenteil gibt es eben den Anteil dessen, der feststellt. Ich möchte darauf noch beim Beispiel B zurückkommen.

Tatsache ist, daß von Frau A bisher niemand sicher behaupten konnte, sie habe verstanden, worum es geht. Sie gilt deshalb bei uns bis heute als einwilligungsunfähig.

Bei der Zuschreibung von Einwilligungsfähigkeit oder dem Gegenteil kann es sich um ein wackeliges Urteil handeln. Im Einzelfall können das Scheinpolaritäten sein, Items ohne Trennschärfe.

Zur medizinischen Problematik

Niederschrift des Arztes Ende 1985:

> Eine zwingende medizinische Indikation erkenne ich nicht.

Aus Niederschriften der Gruppenleiterin

a) vom November 1986:

> Versuch des Einsatzes von oralen Antikonzeptiva muß nach 10 Tagen abgebrochen werden, da eine kontinuierliche Einnahme durch Frau A verhindert wurde.

b) vom Oktober 1987:
   ... ausgeprägte Krampfadern, Thrombosegefahr, außerdem ist sie übergewichtig, und die Gefahr der weiteren Gewichtszunahme bei einem bestehenden Bandscheibenschaden ist gegeben.

c) vom Juni 1988:
   Zur Zeit Psychopharmakabehandlung und damit mögliche Schädigung eines Kindes.

In welche Richtung weist also der gesundheitliche Zustand? Im Lauf der 3 Jahre haben sich Gewichte verschoben. Eine mancherorts anvisierte Sterilisation würde das Krankheitsrisiko abschwächen und die Gefahr einer möglichen Fötusschädigung gar nicht erst aufkommen lassen. Wie lange und bis zu welchem Punkt gesundheitliche Komplikationen tolerierbar sind, hängt von objektiven Befunden ab, aber auch von der Risikobereitschaft und von einem fachlich vertretbaren weiteren oder engeren Entscheidungsspielraum des Arztes.

Die letztlich Verantwortlichen in der Einrichtung wollten unter den gegebenen Voraussetzungen eine Sterilisation nicht unterstützen. Ich könnte aber nachvollziehen, daß anderswo jemand ebenfalls mit guten Argumenten zu einer anderen Positionsbestimmung kommt. Der Pfleger hat bisher keine weiteren Schritte unternommen.

Beispiel B

Die Bedeutung der eigenen Absicht

Im Gespräch mit Frau B ist mir deutlicher als je zuvor bewußt geworden, wie manipulierbar geistig behinderte Menschen sein können. Ich war mir schon während des Gesprächs und danach sicher: Ich hätte auch das gegenteilige Ergebnis haben und danach doch noch sagen können: Da ist jemand, der sich selbst entschieden hat. Anders ausgedrückt: Das Bemühen um die rechte Entscheidung setzt tatsächliche Offenheit für die möglichst freie Entscheidung des Gegenübers voraus.

Nicht ohne Grund erlaubt der Gesprächsverlauf auch, Frau B zum Kreis der Einwilligungsfähigen zu zählen.

Die Bedeutung der verwendeten Begrifflichkeit

Ich zitiere aus meiner Gesprächsnotiz:
   Der Gesprächsverlauf war so angelegt, daß über Kontrollfragen die Verarbeitung des jeweils anstehenden Problems nachgeprüft wurde. Demnach hat sie sich tatsächlich zwischen der Alternative Pille und Sterilisation entschieden. Dabei kann durchaus sein, daß mit anderen als den gewählten Reizworten diese Entscheidung anders ausgefallen wäre: Wir (d. h. die Gruppenleiterin und ich) haben als mögliche negative Folgen des Konsums von Pillen Kopfweh und Kreislaufbeschwerden genannt. Bei der Sterilisation werde ein kleiner Schnitt gemacht, es werde „geschnipselt".

Es war zu beobachten, daß die Wortwahl vom „Schnitt" und vom „Schnipseln" von ihr mit negativen Assoziationen verbunden wurde. Eine solche Rezeption des Inhalts ist nicht zwingend, zumal auch positive Begriffe verfügbar sind. Die Sprechweise hat Ablehnung ausgelöst. Bei einer Erläuterung desselben Sachverhalts mit anderen Worten hätte die Entscheidung, sofern davon die Rede sein kann, anders ausgehen können.

Ergänzende Erfahrungen

Abschließend trage ich 5 Thesen vor, die für mich zum Lernertrag aus den Beispielen A und B und v. a. aus ein paar weiteren solchen Gesprächen mit behinderten Menschen gehören.

1) Gespräche zur konkreten Frage „Sterilisation ja oder nein" waren teilweise mit allgemeinen Fragen zu Partnerschaft und Sexualität überfrachtet. Eine ganze Reihe von Punkten müßte und könnte zu einem früheren Zeitpunkt besprochen und abgeklärt werden. Eine solche vorausgegangene Bearbeitung von Partnerschaft und Sexualität erleichtert und entlastet ein Gespräch, das im Hinblick auf eine mögliche Sterilisation geführt wird.
2) Wo auch sonst bei der Lebensgestaltung Wahlfreiheiten gewährt und Entschlüsse gefordert werden, ist tendenziell mit mehr Entschlußkraft in partnerschaftlichen und intimen Angelegenheiten zu rechnen.
3) Außer dem Wie kann für den Ausgang eines solchen Gesprächs wichtig sein, wer es führt: eine Frau oder ein Mann, jemand aus dem Team der Wohngruppe oder aus der Leitung oder ein Arzt.
4) Die persönliche Stellungnahme zur konkreten Frage wird am besten da erarbeitet, wo am meisten gegenseitige Vertrautheit, umfassende Kenntnis der Gewohnheiten des einzelnen und eine realistische Einschätzung der Konsequenzen gegeben sind – in der Regel also im Wohnbereich.
5) Den Überlegungen von Mitarbeitern mit einzelnen Betroffenen können – wie zu anderen Themen auch – Gespräche und Meinungsbildungsprozesse unter ihresgleichen vorausgegangen sein. In die Entscheidungsfindung gehen also Wertungen des Partners, von Freundinnen und Freunden, Arbeitskollegen und Bekannten ein. Unter Umständen haben sie im Vorfeld von solchen Gesprächen das Ja oder Nein der behinderten Frau bzw. des behinderten Mannes mehr beeinflußt als Mitarbeiter/innen.

Teil II

Zu Beginn einer Tagung zum Thema „Partnerschaft und Sexualität bei Menschen mit geistiger Behinderung" in der Evangelischen Akademie Bad Boll zu referieren und zu reflektieren ist reizvoll in des Wortes doppelter Bedeutung – einmal im Sinne einer interessanten Aufgabe, andererseits ist nicht ausgeschlossen, daß der eine oder andere Zuhörer oder spätere Leser es als ein ausgesprochenes Reizthema empfindet.

Zunächst 2 Vorbemerkungen: Ich werde keinen umfassenden, möglichst alle Aspekte des Tagungsthemas wenigstens streifenden Vortrag halten, sondern punktuell auf einige Aspekte eingehen, die mir besonders wichtig erscheinen. Und ich möchte mit meinen Äußerungen zu unserem Thema, das Gefühle und unterschiedliche Einstellungen berühren wird, nicht verletzen. Alle Äußerungen sollten vielmehr so verstanden werden, daß sie dazu beitragen möchten, daß immer mehr Menschen mit geistiger Behinderung, die zu einer Partnerschaft fähig sind, möglichst wenig unter unangebrachten Restriktionen zu leiden haben.

Die hier mitgeteilten Gedanken und Erfahrungen, die ich in nunmehr 13jähriger Tätigkeit als Nervenarzt im Umgang mit Menschen mit körperlichen, seelischen und insbesondere geistigen Behinderungen sammelte, sollen eine intensive und fruchtbare – befruchtende und fruchttragende – Diskussion einleiten und gleich zu Beginn der Tagung auch ins Bewußtsein rufen, daß wir hier für und über Mitmenschen sprechen, denen es aufgrund ihrer geistigen Behinderung schwerfällt, ihre Gedanken zu äußern, ihre Gefühle – auch ihr Leid – in Worte zu fassen, und die damit immer Gefahr laufen, nicht verstanden oder mißverstanden zu werden. Ich erinnere in diesem Zusammenhang nur an das Thema der Verhaltensstörungen, die nach meiner Erfahrung zu oft als durch die Behinderung quasi gesetzmäßig verursacht angesehen und, wenn ihre Ursache im Problemkreis Sexualität zu suchen ist, auch nicht selten umgedeutet werden.

Wenn man Gedanken und Gefühle geistig behinderter Menschen erfahren will, benötigt man viel Geduld, Einfühlungsvermögen und v. a. auch Zeit. Gerade bei der Besprechung von Themen, die von Behinderten als heikel empfunden werden, muß man oft viele Minuten Schweigen ertragen und auf eine Antwort warten können.

Es gibt nur sehr wenige Veröffentlichungen, in denen Menschen mit geistiger Behinderung zum Thema Sexualität unzensiert zu Wort kommen – als Beispiele seien die Arbeiten von Badelt (1986) und Bader (1986) genannt; schier unübersehbar ist dagegen die Literatur aus der Feder Nichtbehinderter zu diesem Thema.

Daß mir bei der Vorbereitung dieses Vortrags vor einiger Zeit das Buch *Ich will – laßt mich* von Regina Pickel-Bossau, einer Frau, die seit dem 5. Lebensjahr infolge spinaler Kinderlähmung körperbehindert ist, und Walter Bachmann (1988) in die Hände geriet, erleichterte mich aus 2 Gründen. Zum einen äußert sie sich auch zum Thema Sexualität und Partnerschaft und bringt dabei die uns auch hier beschäftigende Problematik, wie ich meine, auf den Punkt. Zum zweiten können ihre Aussagen – sie ist Sonderschullehrerin – nicht als so nicht gemeint oder mißverständlich abgetan werden, was ich wiederholt erlebt habe, wenn ich Äußerungen und Verhaltensweisen von Menschen mit geistiger Behinderung, die für mich zweifelsfrei sexuell motiviert waren, mit Menschen diskutierte, die bei Menschen mit geistiger Behinderung ein im sexuellen Bereich im Vergleich zu Nichtbehinderten ganz anderes Fühlen, Wünschen und Wollen zu erkennen meinten.

> Als ich dann aber den Kontakt zu Jungen bekam, Freundschaften aufbauen wollte, stieß ich auf massiven Widerstand seitens der Umwelt. Es wurde von mir verlangt, mich wie eine ‚Behinderte zu benehmen'; ein behindertes Mädchen bleibt zu Hause, beschäftigt sich mit Büchern, Handarbeiten, lernt für seinen späteren Beruf, damit es auf eigenen Füßen stehen kann und dem Staat nicht zur Last fällt. „Ein behindertes Mädchen muß verzichten lernen" (Zitat einer Studienrätin) (Pickel-Bossau u. Bachmann 1988).

Es gibt ganz offensichtlich Grundprobleme, die alle Behinderten mit uns Nichtbehinderten haben; ein wesentliches ist, daß wir Nichtbehinderten dazu neigen, Menschen mit Behinderung zu entsexualisieren, ihnen im Grunde ein Recht auf Sexualität, insbesonders auf Partnerschaft von Mann und Frau, abzusprechen.

Zu Beginn dieser Tagung möchte ich zunächst in Erinnerung rufen, daß es *den* geistig behinderten Menschen nicht gibt, sondern lediglich Menschen mit geistigen Behinderungen sehr unterschiedlichen Ausmaßes, was wir bei unserer Tagung stets vor Augen haben müssen. Meine Ausführungen beziehen sich im wesentlichen auf solche Menschen mit geistiger Behinderung, die über so viel soziale Fähigkeiten verfügen, daß sie zu einer Partnerschaft fähig sind.

Es muß allen an der Diskussion Beteiligten klar sein, daß jeder Mensch, auch der mit geistiger Behinderung, über unveräußerliche Grundrechte verfügt. Die in unserem Zusammenhang wichtigen Grundrechte lauten: „Jeder Mensch hat das Recht auf freie Entfaltung der Persönlichkeit" und „Die Würde des Menschen ist unantastbar". Die Grundrechte beinhalten m. E., daß Menschen mit Behinderungen, auch geistigen Behinderungen, grundsätzlich ebenfalls ein Recht auf erlebte Sexualität haben.

Das Recht auf freie Entfaltung der Persönlichkeit ist selbstverständlich für behinderte wie nichtbehinderte Menschen kein Freibrief für die Rechtfertigung jeden Verhaltens oder für die Durchsetzung aller persönlichen Wünsche, aber es bedeutet sicherlich, daß wir als Betreuer und Begleiter von Menschen mit Behinderungen sie nur so viel einengen dürfen, wie es im Interesse ihrer individuellen Persönlichkeitsentwicklung notwendig ist, und daß wir ernsthafte Willensäußerungen bezüglich ihrer Lebensgestaltung zu berücksichtigen bzw. zu respektieren haben.

Leben und Arbeiten mit Menschen mit geistiger Behinderung ist nach meiner Überzeugung ohne Nächstenliebe nicht möglich. Sie bedeutet intensive, immer wieder auch einmal aufopfernde Hingabe und Zuwendung zum behinderten Menschen in lebenslanger Betreuung und Begleitung in vielen, bei manchen in allen Lebensbereichen. Nächstenliebe, wie ich sie verstehe, beinhaltet auch ständiges Bemühen um eine möglichst gute Verwirklichung des Lebensentwurfes eines Menschen mit Behinderung, soweit sich dieser erahnen oder aus seinen Äußerungen entnehmen läßt.

Nächstenliebe darf nicht zur „Overprotection" führen. Sie muß stets auch Raum lassen für eine möglichst individuelle, seinen Fähigkeiten entsprechende Entwicklung und Lebensgestaltung des Menschen mit Behinderung. Eine solche nichteinengende Nächstenliebe setzt voraus, daß das Miteinander von Betreuern und Behinderten von gegenseitigem Vertrauen getragen und nicht von Überwachen und Kontrollieren bestimmt wird. Nur wenn Vertrauen besteht, werden sich Menschen mit geistiger Behinderung auch mit persönlichen Fragen und Problemen, zu denen ich die Sexualität rechne, um Rat an uns wenden. Dann werden sie sich nicht alleingelassen fühlen. Etwas provozierend kann man sagen: Wo insbesondere von Jugendlichen mit geistiger Behinderung und solchen im frühen Erwachsenenalter nicht über sexuelle Probleme gesprochen wird, sie angeblich überhaupt nicht auftauchen, fehlt es an Vertrauen zwischen ihnen und Betreuern bzw. Eltern.

Ich halte es für falsch, aus dem Verhalten von Menschen mit geistiger Behinderung, die bis zum Beobachtungszeitpunkt ohne eine umfassendere sexualpädagogische Begleitung aufgewachsen sind oder in einer Sexualität eher tabuisierenden

Umgebung gelebt haben, Schlüsse auf ihre wahren Wünsche und Hoffnungen bezüglich Sexualität und Partnerschaft zu ziehen. Aus Gesprächen weiß ich, daß Menschen mit geistiger Behinderung ein feines Gespür auch für ungeschriebene Gesetze gerade im sexuellen Bereich haben können.

Sexualpädagogische Konzepte, nach denen man immer nur dann darauf eingeht, „wenn es sich ergibt", halte ich für unbrauchbar, denn sie lassen einen sonst in der Behindertenpädagogik unbestrittenen Grundsatz außer acht, daß nämlich Menschen mit geistiger Behinderung wesentlich langsamer auffassen, theoretische Erläuterungen kaum oder gar nicht verstehen, sondern wesentlich über Anschauung lernen und begreifen. Daher sind in der Sexualpädagogik für geistig behinderte Menschen wesentlich mehr didaktische Überlegungen, einschließlich geeigneten Anschauungsmaterials, notwendig als in der Sexualpädagogik nichtbehinderter Kinder und Jugendlicher. Es ist auch mehr Zeit dafür vorzusehen, um die Sachverhalte begreiflich zu machen. Wie das geschehen kann, werden wir wahrscheinlich im Verlauf dieser Tagung von Teilnehmern hören, die damit schon Erfahrung sammeln konnten.

Auch die Haltung „Warten wir doch ab, ob sich Freundschaften überhaupt ergeben und ob sie halten" ist nicht hilfreich, da sie Menschen mit geistiger Behinderung maßlos überfordert. Sie mißachtet einerseits die Tatsache, daß schon normalsinnige Jugendliche einer langjährigen sexualpädagogischen Begleitung durch verständnisvolle Eltern bedürfen, wenn ihnen später eine beglückende Partnerschaft gelingen soll. Und sie verhält sich im Bereich der Sexualpädagogik in einer Weise abstinent, die man in anderen Förderungs- und Lebensbereichen heilpädagogisch heute nie mehr gutheißen würde, denn es ist ja wohl unbestrittenes Ziel aller Heilpädagogik, nicht tatenlos zuzusehen, was sich denn entwickeln wird, sondern sich zu bemühen, das, was an Fähigkeiten, auch an zwischenmenschlichen Fähigkeiten, schlummert, zu wecken und zu entwickeln.

Daß für einen Menschen mit geistiger Behinderung zu einer gelungenen Persönlichkeitsentwicklung wie bei Nichtbehinderten auch die Integration der Sexualität gehört und daß der einzig richtige Weg nicht der Entschluß zu Verzicht auf Partnerschaft und zur Ehelosigkeit sein kann, steht für mich außer Zweifel. Gelingt die Integration der Sexualität nicht, so kommt es zu Persönlichkeitsstörungen. Eine für Menschen mit geistiger Behinderung typische Sackgasse der Persönlichkeitsentwicklung in einer Umgebung, in der Sexualität ausgeklammert und verdrängt wird oder überwiegend negativ besetzt ist, ist eine lebenslange Verkindlichung. Diese findet auf der Seite der Bezugspersonen dann ihr Pendant in einem infantilisierenden Umgang mit den Behinderten, was sich bei Betreuern erwachsener Menschen mit geistiger Behinderung beispielweise in Äußerungen wie „meine Mädle" oder „unser Bub" kundtut und, falls in der Öffentlichkeit geäußert, mit dazu beitragen kann, das falsche Bild vom Menschen mit geistiger Behinderung als dem ewigen Kind zu verfestigen.

Deshalb hat ein sexualpädagogisches Konzept immer auch die Schulung der Betreuer und Bezugspersonen von Menschen mit geistiger Behinderung einzubeziehen, da ihre Einstellungen zur Sexualität ganz wesentlich die Bedingungen bestimmen, unter denen Menschen mit geistiger Behinderung ihre Sexualität und Partnerschaft leben können und dürfen, wie Walter (1980) in einer entsprechenden Untersuchung dargelegt hat.

Zum Abschluß möchte ich noch einmal Regina Pickel-Bossau zitieren:

> Wenn ich die zahlreichen Diskussionen über Partnerschaftsprobleme behinderter Menschen verfolge, entsprechende Bücher lese, bin ich mehr als skeptisch; unterliegen sie doch vermehrt der Sichtweise Nichtbehinderter. Sicherlich haben es Behinderte schwerer – besonders wenn sie schwerbehindert sind –, Kontakte zu knüpfen. Kommt es zu einer Partnerschaft, dann unterliegt sie den Gesetzmäßigkeiten menschlicher Beziehungen. Scheitert eine solche Partnerschaft, dann wird häufig die „Behinderung" als Vorwand genommen. Über die eigentlichen Gründe nicht nachdenken zu wollen bzw. zu müssen, ist sicherlich der einfachere Weg. In manchen Gesprächen mußte ich feststellen, daß viele Menschen, die sich über Partnerschaftsprobleme bei Behinderten auslassen, im Grunde genommen nur wenig über wahre menschliche Beziehungen wissen und nicht selten ihre eigenen Probleme auf uns projizieren.

Daß unsere Tagung dazu beiträgt, daß die von uns betreuten und begleiteten Menschen mit geistiger Behinderung in zunehmender Zahl immer weniger Anlaß haben, so zu denken, bzw. immer weniger unter Bedingungen leben, auf die diese Beschreibung zutrifft, ist mein Wunsch und meine Hoffnung.

Literatur

Badelt I (1986) Selbsterfahrungsgruppen geistigbehinderter Erwachsener. In: Walter J (Hrsg) Sexualität und geistige Behinderung, 2. erweiterte Aufl. Edition Schindele, Heidelberg

Bader I (1986) Entwicklung von Identität und Partnerschaftsbeziehung im Lebenslauf älterer geistigbehinderter Menschen. In: Walter J (Hrsg) Sexualität und geistige Behinderung, 2. erweiterte Aufl. Edition Schindele, Heidelberg

Pickel-Bossau R, Bachmann W (1988) Ich will – laßt mich. Autobiographische Essays eines Menschen aus dem Abseits (Gießener Dokumentationsreihe Heil- und Sonderpädagogik, Bd 8)

Walter J (1980) Zur Sexualität Geistigbehinderter. Die Einstellung der Mitarbeiter als Bedingungsrahmen zur Unterdrückung oder Normalisierung in Behinderteneinrichtungen. Schindele, Rheinstetten

Diskussion 1*

Keinath-Vogel:
Herr Schäfer nannte als unveräußerliche Grundrechte die Unantastbarkeit der Würde des Menschen und das Recht auf freie Entfaltung der Persönlichkeit. Vermißt habe ich das Recht auf körperliche Unversehrtheit. Ich möchte fragen, ob Sie dieses auch zu den unveräußerlichen Rechten zählen und wie Sie das im Kontext der Sterilisation bei nicht einwilligungsfähigen Menschen beurteilen.

Außerdem ist mir aufgefallen, daß Sie bei Ihren Ausführungen über mögliche Schwangerschaften und Geburten das Aufziehen und Zusammenleben mit Kindern nicht erwähnt haben. Es würde mich interessieren, ob es in Stetten Schwangerschaften und Geburten gibt, ob es Kinder gibt, die dort aufwachsen. Wie gehen Sie damit um?

---

* Außer den Diskussionbeiträgen der Referentinnen und Referenten der mit dieser Veröffentlichung dokumentierten Tagung wurden in dieser und den nachfolgenden Diskussionen solche folgender Teilnehmerinnen und Teilnehmer aufgenommen (soweit feststellbar):
Barwig, Gerlinde, Dipl.-Päd., Evangelische Akademie Bad Boll
Bode, Edmund, Sozialarbeiter und Heimleiter, Altenebsdorf
Eberle, Barbara, Diakonin, Ulm
Häring, Heinrich, Diakon, Kernen
Habiger, Monika, Wohngruppenverband der Gustav-Werner-Stiftung, Reutlingen
Hendricks, Rolf, Studienrat, Schule für Geistigbehinderte, Hamburg
Kämmerer, Dr. med. Ingrid, Pro Familia, Berlin
Kehne, Holger, Heilerziehungspfleger, Anstalt Stetten, Kernen i. R.
Krus, Heinz, Lehrer, Leiter der Gustav-Werner-Schule, Ulm-Böfingen
Lempp, Dr. med. Heinrich, Mariaberger Heime, Gammertingen
Merz, Norbert, Praktikant in Behinderteneinrichtung, Sinzheim
Mondry, Rudi, Pastor, Vorstand der Evangelischen Stiftung Alsterdorf, Hamburg
Noack, Peter, Sozialarbeiter, St. Johann-Bleichstetten
Quilitz, Karin, Leiterin einer Beschäftigungstagesstätte für erwachsene Behinderte, Berlin
Rautenstrauch, Dr. med. Julia, Ärztin und Journalistin, Bad Schussenried
Reis, Dr. jur. Hans, Rechtsanwalt, Hannover
Roller, Ursula, Lehrerin und Mutter einer behinderten Tochter, Aichschieß
Schlierer, Karin, Sonderschullehrerin, Beimerstetten
Schmid, Rolf, Abt. Behindertenhilfe im Diakonischen Werk Württemberg, Stuttgart
Wolf, Bernward, Pastor, von Bodelschwinghsche Anstalten, Bielefeld-Bethel

Schäfer:
Ich kenne die Entwicklung in Stetten seit 3 Jahren. Sie wissen wahrscheinlich, daß Stetten bisher als eine Einrichtung galt, in der eine eher restriktive Einstellung zur Sexualität und zur Sexualpädagogik eingenommen wurde. Das hat sich – nach meiner Beobachtung – in der letzten Zeit dadurch geändert, daß Gespräche in breiter Form geführt wurden. Es wurde deutlich, daß die Mitarbeiter, die mit den Behinderten täglich umgehen, ganz eindeutig der Meinung sind, daß geistig Behinderte ein Anrecht darauf haben, ihre Sexualität zu leben, und daß man deshalb beispielsweise Bedingungen schaffen muß, dies zu ermöglichen. Konkret hat sich das darin niedergeschlagen, daß es bei uns seit kurzem einen Arbeitskreis „Sexualpädagogik" mit der Intention gibt, für die Anstalt Stetten Konzepte zu entwickeln, die dem entsprechen, was in anderen Einrichtungen, z. B. in Alsterdorf, schon praktiziert wird. Rein organisatorisch wird so etwas dadurch vorbereitet, daß bei Neubauplanungen auch Appartements geplant werden, die später von Paaren, die zusammenleben, bezogen werden sollen.

Eingangs hatte ich gesagt, daß ich das Thema nicht insgesamt abhandeln, sondern das darlegen wollte, was mir aus meiner jetzigen Tätigkeit wichtig erschien. Ich bin der Meinung, daß es möglich werden muß, daß eine behinderte Frau mit Einwilligung sterilisiert wird. Ich habe noch kein endgültiges Urteil dazu, wie es zu beurteilen ist, wenn jemand nicht einwilligen kann.

Mir ist noch keine Situation geschildert worden, die ich so beurteilen würde, daß in dem Fall zwangsläufig hätte sterilisiert werden müssen. In Stetten war diese Situation bisher noch nicht gegeben.

Zur Frage der Schwangerschaften: Es hat, wenn ich richtig informiert bin, in 12 oder 13 Jahren, die ich überblicke, 2 Schwangerschaften gegeben. Eine bei einer Behinderten, die aus schwachem Milieu stammte und bei der die Pflegemutter den intensiven Wunsch hatte, Großmutter zu werden. Sie hat es – das wurde erst später deutlich – daheim arrangiert, daß diese Behinderte regelmäßig Männerbesuch bekam. Das Kind ist zur Welt gekommen und adoptiert worden. Im zweiten Fall ist eine Behinderte von einem hirngeschädigten Patienten geschwängert worden, der sexuell sehr aktiv war und auch noch in der Lage war, das zu arrangieren. Auch dieses Kind ist geboren und dann adoptiert worden.

Wunder:
Welche Position hat eigentlich Frau A selbst eingenommen? Wie hat sie ihre eigene Rolle gesehen? Sie hat einen 12jährigen Sohn, sie hat sicherlich auch Erfahrung im Umgang mit ihrem Sohn. Wie weit ist diese Frau in dem Gespräch, das Sie von seiten der Anstaltsleitung geführt haben, überhaupt vorgekommen? Auch Ihre Schlußfolgerung habe ich nicht verstanden: Liebenau hat sich entschieden, dagegen Stellung zu nehmen, Sie hätten aber auch Verständnis, wenn sich eine andere Einrichtung anders entscheiden würde. Ich möchte Sie bitten, das genauer zu erläutern.

Bichler:
Die Frau hat bisher keine Beziehung zu ihrem Kind entwickeln können. Sie ist sich auch dessen nicht bewußt, daß sie Mutter eines Kindes ist.

Wir gehen davon aus, daß es sich tatsächlich um eine Frau handelt, die nicht einwilligungsfähig ist. Die Gespräche, die zu dem Thema Sterilisation, Partnerschaft,

Sexualität mit ihr geführt wurden, haben keine verwertbaren Ergebnisse gebracht. Sie reagiert nicht einigermaßen angemessen auf solche Fragen. Von daher ist sie wahrscheinlich einwilligungsunfähig, wobei ich der Meinung bin, daß die Grenze nicht so eindeutig bestimmbar ist. Wenn jemand diese Frau mit dem berühmten Nicken zu einer Einwilligung bringen wollte, könnte er das wohl haben. Aber ob man deswegen schon von Einwilligungsfähigkeit sprechen kann, daran hätte ich große Zweifel.

In dem Punkt der medizinischen Indikation haben Sie recht. Das ist an sich ein besetzter Begriff, der etwas anderes meint. Ich wollte einfach die medizinische Problematik des ganzen aufzeigen. Tatsächlich gibt es Komplikationen aufgrund der Behandlung mit einem Progesteronderivat und nicht aufgrund anderer gesundheitlicher Befunde.

Habiger:
Herr Schäfer, Sie sagten, jedem Menschen, der genügend soziale Kompetenz hat, um eine Partnerschaft zu führen, sollte dies auch ermöglicht werden. Für mich ist die Frage: Wer definiert, was „genügend soziale Kompetenz" ist? Wie ist der Begriff „Partnerfähigkeit" definiert?

Schäfer:
Der Begriff der Partnerfähigkeit ist nicht fest umrissen. Darauf haben Sie richtig hingewiesen. Wesentliche Gesichtspunkte für Partnerfähigkeit sind für mich, daß jemand Rücksichtnahme, persönliches Eingehen auf einen anderen zum Ausdruck bringen kann, daß er einen anderen nicht eigensüchtig ausnutzt. Ich bin in diesem Punkt ganz bewußt offen, weil wir uns in Stetten gerade am Anfang einer Diskussion befinden. Ich würde als soziale Kompetenz auch noch ansehen, daß jemand in den alltäglichen Dingen selbständig wird, etwa so wie in dem Konzept des Hauses „Neue Heimat" in Bethel, daß zwei Menschen in der Lage sind, einfache Mahlzeiten zuzubereiten, ihre Wohnung selbständig weitgehend in Ordnung zu halten, so daß sie dann, wenn sie in dieser Beziehung zusammen leben, nur lockerer Betreuung bedürfen. Ich möchte aber betonen, daß ich sehr gespannt darauf bin, gerade Erfahrungen anderer kennenzulernen. Ich würde auch im weiteren Lernprozeß Einrichtungen wie den Wohngruppenverbund der Gustav-Werner-Stiftung oder auch die Evangelische Stiftung Alsterdorf gern besuchen. Das ist also für mich noch nicht so fest definiert.

Paris:
Eine Frage an Herrn Schäfer und Herrn Bichler: Wie hoch schätzen Sie den Prozentsatz der nicht einwilligungsfähigen Behinderten, gemessen an dem Anteil des Gesamtkollektivs, bei denen Verhütungsmaßnahmen angezeigt wären?

Schäfer:
Aus dem Stegreif kann ich dazu nichts sagen, weil ich unter diesem Gesichtspunkt die Behinderten, die ich kenne, noch nicht gesehen habe. Wie Herr Bichler dargelegt hat, gibt es eine recht breite Übergangszone. Was man noch als eigenständige Zustimmung wertet, dafür gibt es gewisse Kriterien, daß jemand den Sachverhalt, um den es geht, begriffen haben sollte. Es gibt Möglichkeiten, zu versuchen, sich dessen zu

vergewissern, indem man bestimmte Verständnisfragen stellt, die dann beantwortet werden müssen. Aber ich kann keinen Prozentsatz angeben.

Bichler:
Ich kann auch keine Zahlen nennen. Ich würde ebenfalls sagen, daß die Zahl derer, die sexuellen Verkehr haben und einwilligungsunfähig sind, nicht hoch ist.

Walter:
Ich bin davon überzeugt, daß diese Zahl gegen Null geht. Das setzt aber voraus, daß wir uns darüber verständigen, was wir darunter alles verstehen. Ich kann nur ähnlich wie Herr Schäfer und Herr Bichler sagen, man hätte die Menschen sinnvollerweise schon vorher sexualpädagogisch begleiten sollen. Das ist meine Hauptschiene in der Argumentation. Das bedeutet also: Wenn ich im Idealfall davon ausgehe, daß sexualpädagogisch sehr viel unternommen worden ist, kann ich von einer Mindesteinsichtsfähigkeit bei den Fällen ausgehen, wo tatsächlich auch Geschlechtsverkehr vorkommt. Menschen, auf die der neue § 1905 des Betreuungsgesetzes zutrifft, die also auf Dauer einsichtsunfähig sind, habe ich so noch nicht kennengelernt.

Paris:
Das würde doch bedeuten, daß es völlig sinnlos ist, dieses gesetzlich zu regeln. Man kann doch keine gesetzliche Regelung für Menschen treffen, die es gar nicht gibt.

Wolf:
Ich arbeite im Justizministerium. Eine Frage an Herrn Bichler: In Ihrem Beispiel A kamen Sie zu dem Ergebnis, sich nicht für die Sterilisation, sondern für die Pille zu entscheiden. Das klang für mich so: Sie als Ärzte haben sich entschieden. Ist das nicht ein grundsätzlich falscher Ansatz? Die Entscheidung hatte der Bruder als Pfleger zu treffen. Es ist eine „Vertretung im Willen", denn jeder hat über sich zu entscheiden. Wir stehen vor der Frage, ob und wie weit jemand über sich entscheiden kann. Ich halte die Zungenschläge, die jetzt hier erkennbar geworden sind, daß es gar keine Menschen gibt, die nicht über sich entscheiden könnten, für eine Illusion. Sie definieren in dem Fall A „keine Entscheidungsfähigkeit" und setzen an die Stelle des Willens der betroffenen Frau die Wertung der Ärzte. Andere dehnen die Entscheidungsfähigkeit der Frau so weit aus, daß eine vertretende Entscheidung gar nicht notwendig ist. Dann sind die Fälle gar nicht existent. Ich frage mich: Wer soll entscheiden? Die manipulierte Frau im Sinne eines Kopfnickens oder der beratende Arzt, der gar nicht berät, sondern entscheidet? Oder erkennen Sie die „Vertretung im Willen" für einen anderen an?

Bichler:
Es geht hier nicht um die ein und für allemal richtige und verbindliche Entscheidung, sondern es ging um die Position der Einrichtung: was sollte die Leitung der Stiftung Liebenau in diesem konkreten Fall tun? Es ging auch nicht nur um eine ärztliche Entscheidung; ich bin kein Arzt, aber es war auch die des Arztes und die des obersten Chefs. Die hat in diesem Fall geheißen: So wie diese Frau sich uns darstellt, würden wir von der Einrichtung her eine Sterilisation nicht unterstützen

können. Das wollte ich damit sagen. Aber wer entscheidet oder wer gibt letztlich den Ausschlag?

Merz:
Ich bin 37 Jahre alt und lebe in der Wohnheimanlage in Steinbach im Nordschwarzwald. Ich bin betroffen. Ich kann aus 10jähriger Erfahrung als verheirateter Behinderter sprechen. Meine Frau ist sterilisiert. Wir sind gerne bereit, auf Fragen Auskunft zu geben. Ich habe keinen Vormund, ich habe alles selbst entschieden. Ich habe mich deshalb zu Wort gemeldet, weil gefragt wurde, wie weit die selbständige Entscheidung der einzelnen Behinderten geht. Ich bin körperbehindert. Wie es bei den geistig behinderten Kollegen aussieht, weiß ich nicht. Wir haben hier auch Kollegen dabei, die selbst ein Kind haben. Es besteht die Möglichkeit, darüber Erfahrungen auszutauschen.

Kehne:
Ich bin Gruppenerzieher in einer Gruppe junger Männer in der Anstalt Stetten. Zu Herrn Schäfer möchte ich ergänzend sagen, daß der Arbeitskreis erst jetzt, und zwar auf Druck der Mitarbeiter, entstanden ist. Die Frage „Sterilisation" stellt sich bei uns überhaupt nicht. Bis jetzt gibt es nach wie vor keinerlei Verhütungsmaßnahmen für Behinderte. Behinderte werden nicht gefragt, ob sie sexuellen Kontakt oder Partnerschaft haben möchten. Das ist nach wie vor untersagt. Es dauert bestimmt noch ewig lange, bis sich da etwas ändert. Es ist frustrierend, immer wieder davon anfangen zu müssen. Die Realität sieht anders aus. Ich muß erst einmal anfangen zu fragen: Haben die Behinderten ein Recht auf Sexualität? Bei uns in Stetten haben sie das bisher in keiner Weise. Es geht so weit, daß die Leute teilweise verlegt werden, wenn sie sexuelle Beziehungen haben.

Häring:
Ich bin seit 3 Jahren in der Anstalt Stetten in dem Wohnheim beschäftigt, in dem unsere „fittesten" Leute wohnen. Meine erste Erfahrung war auf einer Freizeit, daß einer unserer Leute mächtig gespart hatte für ein Reisepräsent für seine „Geliebte", für sein „Schätzle", wie er so sagte. Es kam dann nach einem Vierteljahr die Weihnachtsfeier. Unser Anstaltsleiter hat mitbekommen, daß zwischen diesen beiden irgend etwas „läuft" – nach meiner Empfindung völlig harmlos. Es wurde rigoros gestoppt. Die beiden wurden auseinandergebracht. Sie sind sich fast „spinnefeind" geworden; in der Zwischenzeit grüßen sie sich wenigstens wieder. Wir haben in unserem Haus 60 Männer und 13 Frauen. Es ist manchmal sicher schwierig, hier richtig zu betreuen. Wir sind zu wenig Betreuer. Auch sind diese Leute insgesamt für eine Partnerschaft nicht erzogen. Früher gab es gar nichts anderes als Trennung. Das gibt es auch heute noch. Am Sonntagabend kam meine Frau – wir wohnen im Mitarbeiterhaus, in dem auch einige Bewohnerinnen untergebracht sind – furchtbar aufgeregt zu mir und sagte: Der Heinz und die Helga sind aus dem WC herausgekommen, melde das schnell weiter. Ich habe geantwortet: Ich bin gerade nicht im Dienst und habe in dieser Woche auch keinen Dienst mehr. Das macht einem natürlich schon Probleme, wie man sich da verhalten soll. Auf der einen Seite würde man ihnen Beziehungen wünschen – sie brauchen sie ja. Die Frauen schlupfen an die männlichen Betreuer hin und wollen sich ihre Streicheleinheiten abholen, und

wenn die Hausmutter im Büro ist, wird von den männlichen Bewohnern das Entsprechende abgeholt. Ein Stück weit ist das Bedürfnis da. Wie soll man sich da verhalten?

Schäfer:
In diesem Zusammenhang ist noch eines wichtig: Der Stand, den man etwa in Alsterdorf und in Bethel erreicht hat, ist das Ergebnis eines vieljährigen Prozesses. Ich hatte vor kurzem in Bethel Gelegenheit, das Haus „Neue Heimat" kennenzulernen. Dabei habe ich erfahren, daß die Wurzeln dieser Sache bis in die Mitte der 70er Jahre als Initiative von Betreuern zurückgehen. Ich meine schon, daß man bei all diesen Dingen in längeren Zeiträumen denken muß. Die Mehrheit der Mitarbeiter und sicherlich auch die Leitung einer Einrichtung müssen lernen, umzudenken und diesen Weg mitzugehen. Man sollte jeder Einrichtung im Interesse eines solchen Prozesses Zeit lassen.

Kehne:
Ich finde es schön, wenn den Einrichtungen so viel Zeit zugestanden wird. Ich frage mich nur, wo die Behinderten die Zeit hernehmen, so lange zu warten. Ich kann schlecht zu einer behinderten jungen Frau oder einem jungen Mann sagen: „Jetzt warte du halt 10 Jahre, irgendwann wird sich schon einmal etwas tun!"

Hoffnungen und Ängste –
die Sexualität unserer geistig behinderten Kinder
bzw. der Frauen und Männer in unseren Heimen

D. Kiesow (Teil I) und M. Müller-Erichsen (Teil II)

Teil I

Im Thema der Tagung wird die partnerschaftliche Beziehung vor der Sexualität genannt. Dies ist bewußt oder unbewußt so niedergeschrieben worden. Sexualität, wie sie auch immer verstanden werden mag, wird in meinen Ausführungen Bestandteil partnerschaftlicher Beziehungen sein. Partnerschaftserziehung ist koedukatives Bemühen, damit gelernt wird, den anderen in seiner Andersartigkeit zu verstehen. Sie führt gleichzeitig zur Selbstentfaltung und Selbstannahme und steigert das Selbstwertgefühl.

Meine Gedanken beruhen auf mehrjährigen Erfahrungen in der Anleitung, Begleitung und Beratung geistig behinderter Paare, die alle zu den sog. mittelgradig bis leicht geistig Behinderten gehören. Es sind Menschen, die kaum oder gar nicht lesen, schreiben und rechnen können. Viele haben allerdings gelernt, mit Geld umzugehen, obwohl es für sie schwierig ist, den Wert des Geldes zu erfassen. Einige haben gelernt, sich kleine Mahlzeiten und unter Anleitung auch eine vollständige Mittagsmahlzeit zu bereiten. Fast alle sind mit Anleitung, Hilfestellung und durch Aufmerksammachen in der Lage, das eigene Zimmer bzw. die eigene Wohnung sauber und in Ordnung zu halten. Die meisten von ihnen sind zeitlich orientiert. Eine Minderheit ist örtlich gut orientiert, die Mehrheit beherrscht nach Anleitung die sich wiederholenden Strecken – wie etwa zur Arbeit in die Werkstatt für Behinderte – mit öffentlichen Verkehrsmitteln. Eine kleine Gruppe muß durch den Fahrdienst der WfB befördert werden. Diese Sätze verdeutlichen vielleicht, welchen Personenkreis ich zu den mittelgradig bis leicht geistig Behinderten zähle.

Zur Zeit leite ich ein Integrationsprojekt im Hamburger Stadtteil Schnelsen. Bis auf 5 Bewohner, die in einer Wohngemeinschaft wohnen, leben die übrigen in Zweizimmerwohnungen in einem hierfür errichteten Gemeinschaftshaus. Von diesen 32 Bewohnern haben 22 eine partnerschaftliche Beziehung und leben als Paare zusammen. Ziel unserer Arbeit ist es, die Bewohner auf ein „betreutes Wohnen" vorzubereiten, d. h. sie zu befähigen, selbständig und alleine in einem normalen Wohnhaus zu leben, wo nur sporadisch Hilfestellung gegeben wird.

In der Arbeit, bei Reflexionen mit Mitarbeitern und in Gesprächen mit den geistig Behinderten selbst, gehe ich stets davon aus, daß Sexualität ein Grundbedürfnis ist und das Verlangen nach ihr so vorhanden ist wie bei nichtbehinderten Menschen. „Die sexuelle Entwicklung unterscheidet sich bei geistig Behinderten gar nicht bzw. nicht wesentlich von derjenigen Normaler. Die körperliche Entwicklung verläuft in den meisten Fällen altersgemäß und unabhängig von intellektuellen Faktoren"

(Walter 1987). Bei allen Menschen ist Sexualität eine Möglichkeit der Selbstentfaltung, des Kontakts und der Zuneigung, der Liebe und der Hingabe einem anderen Menschen gegenüber.

In unseren Orientierungshilfen und Richtlinien für Mitarbeiter in den Wohnstätten und Heimen zum Thema „Partnerschaft und Sexualität im Zusammenleben geistig Behinderter" wurde formuliert: „Die ganzheitliche Entwicklung des einzelnen beinhaltet die Annahme der eigenen Geschlechtsrolle; daher muß die Geschlechtserziehung ein integraler Bestandteil der Gesamterziehung sein." Was heißt dies nun für die Arbeit der Betreuung und Förderung geistig behinderter Menschen? Für uns heißt dies, den Bewohner anzunehmen und mit der Förderung und Begleitung dort anzufangen, wo er gerade steht. Ich sage dies nicht, weil die Pädagogik es so verlangt, sondern weil jede Entwicklung, auch die des geistig Behinderten, ein offener Prozeß ist und wir beginnen müssen wahrzunehmen, welche Bedürfnisse gerade vorhanden sind. So kann es uns gelingen, einen Prozeß zu initiieren, der den Behinderten in seiner Ganzheit wahrnimmt, wozu doch die Sexualität gehört, und auch das Bedürfnis nach Zuwendung und Kontakt zu einem auserwählten Menschen.

Mit den Orientierungshilfen, die die Evangelische Stiftung Alsterdorf in Hamburg (vormals Alsterdorfer Anstalten) geschaffen hat, sollen Mitarbeiter im Gruppendienst in ihrem Denken und Handeln Sicherheit erlangen und erfahren, daß Partnerschafts- und Geschlechtserziehung Bestandteile des Gesamtkonzeptes sind und von Vorgesetzten unterstützt und mitgetragen werden. In der Betreuung geistig Behinderter war das bis vor einigen Jahren nicht selbstverständlich. So gab es bei uns eine strenge Geschlechtertrennung. Es wurden Bestrafungen ausgesprochen, wenn jemand zum anderen Geschlecht Kontakt aufnahm.

Was bedeuten nun aber die ambivalenten Gefühle im Blick auf eine Partnerschaft, die Berührung durch einen anderen Menschen, sexuelle Kontakte, Liebe, Zuwendung und Annahme? Wenn wir dies so fragen, dann müssen wir auch erkennen, daß die Ängste zunächst bei uns Mitarbeitern auftreten. Mitarbeiter sind es gewesen, die bestimmt haben, was richtig und gut für unsere Bewohner war, sie haben die Rahmenbedingungen zum Leben gesteckt und entschieden, was zugelassen werden durfte. Ängste der Mitarbeiter äußern sich insbesondere in

- Unsicherheiten im Umgang mit der eigenen Sexualität, besonders bei älteren Mitarbeitern,
- Unsicherheiten vor den Reaktionen der Eltern, der Nachbarschaft, der Öffentlichkeit,
- Befürchtungen, daß Bewohner eine nicht mehr zu steuernde Sexualität entwickeln und gewalttätig werden könnten,
- Befürchtungen, daß der eigene Einfluß über den Bewohner verloren gehen könnte,
- Befürchtungen, der Bewohner könnte ausgenutzt oder benutzt werden und Mitarbeiter könnten dann nicht mehr hilfreich zur Seite stehen,
- Angst, daß bislang gültige Normen plötzlich nicht mehr gelten,
- Angst vor Schwangerschaften.

Mitarbeiter sind es wohl gewesen – oder sind es vielleicht auch noch –, die Angst auf unsere geistig behinderten Mitmenschen übertragen. Aus solchen Übertragungssituationen resultiert für die geistig Behinderten Zurückhaltung, Unsicherheit und

Verschwiegenheit bis hin zur Furcht, ständig unerlaubte Wünsche zu haben bzw. etwas Unerlaubtes zu tun.

So müssen wir die Hoffnung der Behinderten wahrnehmen als ein Hoffen und Sehnen nach Annahme der Ganzheitlichkeit, nach Bedingungen, die ein erfülltes Leben zulassen und das akzeptieren, was sich am Leben Nichtbehinderter anlehnt.

In Diskussionen und Einzelgesprächen mit Bewohnern und Mitarbeitern wird immer wieder deutlich, daß Hoffnung sich im Hinblick darauf äußert,

- einen Menschen für sich zu haben,
- selbst wertvoll/bedeutungsvoll für einen anderen zu sein,
- Sicherheit in der Lebensführung und in der Mobilität durch den anderen zu gewinnen,
- sich gegenseitig zu ergänzen und lebenstüchtiger zu werden,
- sich auf den Partner verlassen zu können,
- Sicherheit im Umgang mit dem anderen Geschlecht zu gewinnen,
- mehr Selbstwertgefühl zu erfahren,
- mehr Aktivitäten nach außen entwickeln zu können und
- das Gefühl zu haben: „Wir tun etwas für uns und leben füreinander".

Das Muster für unsere geistig behinderten Bewohner ist dabei sicherlich ihr Erfahrungsbereich aus der Herkunftsfamilie, ist die Orientierung an Mitarbeitern und an den Lebensweisen der nichtbehinderten Bevölkerung. In diesen Orientierungsvorgaben unterscheiden sie sich kaum bzw. gar nicht von der Normalbevölkerung und von gültigen gesellschaftlichen Normen.

Das Glück in diesem Leben hat auch eine Geschichte. Sie beginnt damit, daß die Behinderten sich in der Schule, der Werkstatt für Behinderte, der Förderstätte, in Ferienfreizeiten und auch in Bildungsstätten kennenlernen. Sie besuchen sich gegenseitig, formulieren Wünsche und Hoffnungen und haben auch bald das Verlangen nach einem gemeinsamen weiteren Lebensweg. In unserem Appartementhaus haben wir häufiger Anfragen von Paaren, die noch auf dem Zentralgelände der Evangelischen Stiftung Alsterdorf leben und jetzt die Zweisamkeit in einer eigenen Wohnung in einem eheähnlichen Verhältnis wünschen.

Um den Wünschen und Hoffnungen gerecht zu werden, müssen wir beginnen, emanzipatorisch zu denken, um dem geistig Behinderten das zuzugestehen, was Nichtbehinderte längst leben. Darin wiederum liegt auch die Akzeptanz und Bejahung sexueller Bedürfnisse unserer Mitmenschen, die eine geistige Behinderung haben. „Die Grenze der Bedürfnisse wird durch die soziale Situation und die Bedürfnisse des Partners bestimmt" (Hoyler-Herrmann 1987). Uns als Mitarbeitern steht es nicht zu, diese Grenzen zu verändern, ein Grundbedürfnis zu nehmen. Es muß aber unsere Aufgabe sein, die Grenzen zu verdeutlichen, wenn durch Grenzüberschreitungen Konflikte im sozialen Umfeld oder in der Partnerschaft drohen. Wir befinden uns damit in einem energiegeladenen Spannungsfeld aus gesellschaftlichen Normen, Bedürfnissen der geistig Behinderten und eigener Sozialisation. In diesem Spannungsfeld müssen wir Bedingungen schaffen, die die Lebensformen von Behinderten an die der Normalbevölkerung angleichen. Wir sind aufgefordert, unsere Bewohner mit ihren Bedürfnissen anzunehmen, sie zu beraten und zu begleiten, auch in ihren Bemühungen um Partnerschaft und um eine sexuelle Beziehung. Denn „menschliche Sexualität ist eine aufbauende und lebenserhaltende

Kraft in allen Altersstufen. Sie äußert sich als Fähigkeit, in bezug auf Menschen und Dinge Lebensfreude zu erfahren und zu geben, und ist damit eine nach außen und auf sich selbst gerichtete Kraft" (Alsterdorfer Orientierungshilfen; s. Anhang A, S. 111ff.).

Gehen wir von Sporken (1974) aus, der in der Fachliteratur immer wieder genannt wird, dann ist Sexualität als „das ganze Gebiet von Verhaltensweisen in den allgemeinen menschlichen Beziehungen, im Mittelbereich von Zärtlichkeit, Sensualität, Erotik und in der Genitalsexualität" zu verstehen. Der gesamte Mittelbereich der Sexualität stellt einen menschlichen Wert an sich dar und muß nicht an die Genitalsexualität gebunden sein. Bei den 11 Paaren, die wir in Hamburg-Schnelsen betreuen, steht die partnerschaftliche Beziehung, die auf gegenseitiger Zuwendung und Zärtlichkeit beruht, im Mittelpunkt unserer Bemühungen. Auf diesen Teil ist in erster Linie auch unsere Hilfe gerichtet.

Unser Bemühen dient vorrangig der Ermöglichung einer Selbstentfaltung als Frau oder Mann. Diese Selbstentfaltung kann auch Verlangen nach Genitalsexualität beinhalten, ist nach unseren Erfahrungen allerdings zunächst im Bereich der rein partnerschaftlichen Beziehung angesiedelt. Die meisten unserer Paare haben nach unseren Beobachtungen und nach ihren eigenen Aussagen keine genital-sexuelle Beziehung. Zwei der Paare titulieren sich gegenseitig sogar mit Mutti bzw. Vati. Beide Frauen sprechen von ihrem Partner auch von „mein Bruder", „mein Mann", „mein Verlobter", „mein Vater" und natürlich auch von „mein Schatzi". Daraus wird deutlich, daß in erster Linie eine nahestehende Kontaktperson gewünscht wird, zu der Vertrauen besteht und auf die Verlaß ist, und nicht unbedingt ein Sexualpartner.

Kontakte und Beziehungen in der Sexualität verhindern eine Vereinsamung. Erlebnisse und das Zusammenleben mit einem Partner vermitteln Sicherheit. Herzlichkeit und Wärme, die zwischenmenschlichen und zwischengeschlechtlichen Beziehungen eigen sind, können viel Glück in ein Behindertenleben bringen.

Die sexualpädagogische Arbeit ist mir bedeutungsvoll, da ein Leben gefördert wird, das umfassender ist als genital-sexuelles Erleben. Beziehungen genital-sexueller Art sind dort, wo Verlangen danach besteht, Bestandteil unseres pädagogischen Ansatzes. Dort, wo sexuelle Kontakte unter den Partnern bestehen, führen die Mitarbeiter beratende Gespräche durch. Meist werden diese Gespräche gemeinsam mit beiden Partnern geführt. Ziel der Gespräche ist es, zu lernen,

- verantwortlich und gleichberechtigt in der Partnerschaft miteinander umzugehen;
- Freundschaft und Liebe zu geben und zu empfangen, ohne daß der eine oder andere ausgenutzt wird;
- mit Konflikten umzugehen und sie zu bewältigen;
- Verhütungsmittel zu akzeptieren und zu verwenden (es stehen z. B. für alle Bewohner Kondome frei zugänglich zur Verfügung).

Gespräche über solche Themen lassen sich allerdings nur dann führen, wenn ein Vertrauensverhältnis aufgebaut ist und die Bewohner sich darauf verlassen können, daß sie keine Nachteile dadurch haben. Zu Beginn der Gespräche machten wir die Erfahrung, daß das Thema einfach nur beschmunzelt wurde, oder auf das „schmutzige" Thema wurde mit heftiger Abwehr reagiert, z. B. mit der Äußerung: „Darüber sprechen wir nicht."

Im Bereich der Genitalsexualität treten bei unseren Bewohnern die häufigsten Ängste auf. Teilweise sind diese so stark, daß nicht einmal der Wunsch danach zugelassen wird. Ein Bewohner: „Ich mach' so etwas nicht, weil ich aus dem Alter heraus bin" (zit. nach Junghans 1981, unveröffentlichte Diplomarbeit, Fachhochschule Hamburg). Ein anderer Bewohner äußerte mir gegenüber, daß er nicht an Geschlechtsverkehr mit seiner Partnerin denken mag, denn ein Kind könnten sie doch nicht erziehen.

Beide Beispiele enthalten verdrängte Wünsche und machen die akute sexuelle Notsituation deutlich, in der sich einige Bewohner befinden. Das Bedürfnis nach totaler Nähe zum anderen Partner, nach völligem Körperkontakt, wird aus Angst unterdrückt und kann nicht zugelassen werden, obwohl Liebe zum anderen besteht. Der Lustgewinn wird also verleugnet. In dieser Aussage wird deutlich, daß in der tragfähigen zwischenmenschlichen Beziehung der Wunsch nach Genitalsexualität vorhanden ist. Genau an dieser Stelle müssen nun behutsam Gespräche beginnen, die sich mit allen Themen der Beziehung befassen. Es müssen Themen sein wie Freundschaft, Zusammenleben, Beziehung, Dasein füreinander, Aufbau und Entwicklung des Körpers, sexuelle Befriedigung usw.

Die verdrängten Wünsche der geistig Behinderten scheinen mir allzu verständlich zu sein, denn es wird ihnen von weiten Teilen der Normalbevölkerung keine Partnerschaft, geschweige denn eine genital-sexuelle Beziehung zugestanden. Die häufigste Erfahrung, die ich mit Freunden und Nachbarn machte, ist, daß sie das Dulden solcher Beziehungen nicht verstehen können, ganz zu schweigen vom Akzeptieren. Wie können wir das allerdings von fremden und distanzierten Personen verlangen, wenn nicht einmal Eltern zu einer genital-sexuellen Beziehung stehen können? Der Brief einer Mutter, die 1988 an unseren Direktor über unsere Arbeit schrieb, enthält u. a. folgende Aussage: „Eine rundum engagierte Förderung durch die Mitarbeiter erfährt der Bewohner dafür im Sexualbereich – so meine jetzige Erfahrung. Sollte ich (auch die anderen Eltern) da bei der Aufnahme meiner Tochter etwas Wesentliches mißverstanden haben? Liegt hier eventuell der Sinn dieses Pilotprojekts? Daß Erfahrungen gesammelt werden sollen im sexuellen Verhalten der behinderten Menschen?" Diese Aussagen und auch die vielen Sterilisationen bei Frauen mit einer geistigen Behinderung mögen ein Hinweis sein, wie Ängste übertragen werden. Es scheint zumindest eine Ursache für viele Ängste zu sein, die geistig Behinderte im Bereich der Genitalsexualität haben. Von den Paaren, die in der Einrichtung leben, die ich leite, sind fast alle Frauen sterilisiert, auch die jüngeren unter ihnen, die keine Anstaltsvergangenheit hinter sich haben.

Ein häufig geäußerter Wunsch unter unseren behinderten Frauen ist es, ein Kind zu bekommen. Mögliche Folgen können sie dabei nicht abschätzen oder überblicken. Oft habe ich den Eindruck, daß es ihnen darum geht, jemanden so ganz für sich zum Verwöhnen haben zu wollen, und nicht so sehr um die Mutterpflichten. Dies kann auch gar nicht sein, denn unter unseren geistig Behinderten ist kaum jemand, der sein Leben perspektivisch planen oder gar abschätzen könnte, was es heißt, ein Kind zu erziehen. Gespräche über Kinderwünsche können aus diesen Gründen nicht immer befürwortend geführt werden. Das wiederum hat zur Folge, daß die Gespräche als Ablehnung der gesamten Person verstanden werden. Ein Zugang zu dem Bewohner ist dann häufig über mehrere Tage nicht möglich.

Die häufigste Angst unter Eltern und Mitarbeitern ist allerdings auch, daß eine Behinderte ein Kind bekommen könnte. Das Recht auf Partnerschaft gestehen wir ihnen weitgehend zu, das Recht auf ein Kind jedoch noch nicht. Unter uns Mitarbeitern wird diese Frage häufig und engagiert diskutiert.

Der Diskussionsstand unter Mitarbeitern ist noch uneinheitlich. Manche gehen davon aus, daß geistig behinderte Eltern keine günstigen Voraussetzungen zur Erziehung eines Kindes bieten. Dabei wird angenommen, daß diese Kinder auf Dauer nicht ohne Fremderziehung auskommen und eine Trennung erforderlich werden könnte. Eine solche Trennung würde für Eltern und Kind eine Streßsituation bedeuten, die von vornherein vermieden werden könnte, wenn kein Kind geboren würde. Andere Mitarbeiter können den Kinderwunsch bejahen. Sie setzen sich für günstige Wohn- und Lebensbedingungen ein, z. B. für integriertes Wohnen und Personal zur Begleitung der Eltern und zur Erziehung des Kindes. Jedenfalls dürfte das Kind nicht darunter leiden, geistig behinderte Eltern zu haben.

Ich persönlich würde dem Kindesrecht auf möglichst günstige emotionale, geistige und körperliche Entwicklungsbedingungen Vorrang gewähren vor dem in seiner Tragweite nicht erfaßten Kinderwunsch geistig behinderter Menschen. Letztendlich, so meine ich jedoch, sollte eine individuelle Entscheidung getroffen werden, die der einzelnen Person gerecht wird. Dies könnte das Zulassen der Geburt eines Kindes, aber auch eine Ablehnung beinhalten. Das Thema wollte ich berühren, es aber nicht abschließend klären.

Darum zurück zur Partnerschaft geistig behinderter Mitmenschen.

Als wichtigste Aufgabe sehe ich für uns Mitarbeiter in evangelischen Behinderteneinrichtungen die volle Akzeptanz der Beziehungen, einschließlich des Verlangens nach Glück, Liebe, Zärtlichkeit und Genitalsexualität. Wenn uns das gelingt, dann können wir uns dafür einsetzen, daß Bedingungen geschaffen werden, die ein Leben in einer eheähnlichen Gemeinschaft unter weitgehender Selbstbestimmung ermöglichen.

Die Evangelische Stiftung Alsterdorf in Hamburg hat schon Anfang der 80er Jahre das Treuegelöbnis eingeführt und damit Paarbeziehungen unter einen besonderen Schutz gestellt (s. Anhang C, S. 116f.). An dieses Treuegelöbnis, so schrieb der damalige Direktor H.-G. Schmidt in „Zur Orientierung 2/83", seien alle Mitarbeiter gebunden und hätten es zu respektieren. Ich erwähne dieses Treuegelöbnis, weil es auch heute noch eine beliebte Form ist, der Paarbeziehung einen festen Rahmen zu geben. Es wird immer dann abgehalten, wenn beide Partner es wünschen und Beständigkeit in der Beziehung erwiesen haben. Das Treuegelöbnis ist eine stiftungsinterne Form der Absicherung der Beziehung.

Letztendlich, so denke ich jedenfalls und wohl auch die meisten Mitarbeiter in den Wohnstätten und Wohngruppen der Evangelischen Stiftung Alsterdorf, kommt es nicht auf die Form an, die die Paare wählen, ob sie sich für Verlobung, Eheschließung, für das bei uns übliche Treuegelöbnis oder auch einfach für ein Zusammenleben entscheiden, sondern auf den Schutz, die Akzeptanz, die einem Paar für die Beziehung gewährt wird. Wir müssen davon abkommen, daß Bewohner Angst vor einer ständigen Beurteilung der Beziehung haben müssen und sich wie dieser äußern: „Vor allem hatte ich Angst davor, daß die partnerschaftlichen Probleme so groß werden könnten und ich wieder in die Anstalt zurück müßte." Angst also nicht nur vor der Genitalsexualität, sondern auch vor den verständnislosen Mitarbeitern, die etwas entscheiden könnten, wogegen sich der geistig Behinderte nicht wehren kann.

In unseren „Orientierungshilfen" haben wir folgendes zur Partnerschaftserziehung ausgesagt, um Mitarbeitern eine Hilfestellung zu geben:

- In den Wohngruppen sollten sexualpädagogische Überlegungen Teil eines Konzeptes sein.
- Eine vertrauensvolle kontinuierliche Begleitung geistig behinderter Kinder, Jugendlicher und Erwachsener im Rahmen normalisierter Lebensbedingungen bildet die Voraussetzung zur Anleitung und Förderung von partnerschaftlichem Umgang.
- Der Aufbau von Partnerschaft bei geistig behinderten Menschen erfolgt durch Anbahnung und Förderung von Freundschaften, durch Koedukation in den verschiedenen Lebensbereichen (Wohnen, Arbeit, Freizeit, Schule, Förderstätte u. a.) und nicht zuletzt durch die Schaffung und Tolerierung ihrer Privatsphäre.
- Inhalt und Ausgestaltung der Beratung und Aufklärung des Behinderten in allen Fragen von Beziehungen müssen sich stets individuell am Entwicklungsstand der Gesamtpersönlichkeit orientieren.
- Die Hilfestellungen für den Bewohner sollten das positive Wahrnehmen der eigenen Körperlichkeit und das Kennenlernen seines Körpers umfassen, um zu einem liebevollen Umgang mit dem eigenen Körper hinzuführen und Körpererfahrungen verschiedenster Art zu ermöglichen.
- Grundsätzlich ist jede Art von partnerschaftlicher Beziehung zu unterstützen; dies schließt auch homosexuelle Beziehungen ein, die als eine Form partnerbezogener Sexualität zu akzeptieren sind.
- Sexuelle Bedürfnisse und Handlungen behinderter Menschen sind im Grundsatz zu akzeptieren, strafendes Verhalten ist unzulässig.

Grundsätzlich gehen wir davon aus, daß wir die Form der Hilfe zu gewährleisten haben, die dazu führt, „daß der Behinderte sich in seinem Menschsein und mit seinen Bedürfnissen angenommen fühlt, sie muß jeweils auf den einzelnen individuell abgestimmt sein".

Teil II

Über die Sexualität im allgemeinen und die Sexualität geistig behinderter Menschen im besonderen muß ich in dieser Runde nicht sprechen. Ich denke, wir sind uns einig, daß jeder geistig behinderte Mensch eine Sexualität hat. Ich möchte an dieser Stelle über meine Erfahrungen als Mutter eines 13jährigen Kindes mit Down-Syndrom berichten. Unser Sohn Olaf ist relativ selbständig, er besucht eine Schule für Lernbehinderte, kann gut sprechen, lesen, schreiben und rechnen. Er hat einen nichtbehinderten Bruder, der ein Jahr älter ist.

Anläßlich einer Tagung hier in Bad Boll im Oktober 1982 zum Thema „Der geistig behinderte Mensch" habe ich schon einmal über beide Söhne berichtet (Müller-Erichsen 1983). Damals war es mir besonders wichtig, über die positiven Erfahrungen der gemeinsamen Erziehung unserer Kinder zu berichten und für die „Integration in Kindergärten" zu werben. Ich finde es schön, daß ich nun nach

6 Jahren wieder hier berichten darf, heute über die sexuelle Entwicklung unseres behinderten Sohnes.

Obwohl die Kinderärzte böse Prognosen stellten – „Vollidiot", „Der lernt nie alleine essen" usw. –, verlief Olafs Entwicklung in fast allen Phasen – im Vergleich zu seinem nichtbehinderten Bruder – ähnlich bzw. wenig zeitverzögert. So geschah es auch mit seiner „sexuellen Entwicklung". Er lernte seinen Körper kennen, liebte es als Dreijähriger, nackt herumzulaufen usw. Sein Schmusebedürfnis war groß, aber kaum auffällig anders als das seines Bruders. Beide kamen bis zum 8. oder 9. Lebensjahr ständig in die elterlichen Betten, um zu schmusen und dort zu schlafen. In diesem Alter veränderte sich das Verhalten von Olaf insofern, daß er sein Bedürfnis nach Schmusen und Küssen deutlicher und intensiver zeigte. Er wollte meine Haut streicheln, den Busen küssen und am „Busen der Natur" – so sagte er es dem Vater nach – schlafen.

Er war in die „sexuellen Spielchen" seines Bruders und dessen Freunde einbezogen. Aber auch gemeinsam in der Badewanne genossen es die Burschen, ihren Körper zu erfahren. Immer wirkte der nichtbehinderte Sohn „regulierend", d. h. wenn Olaf kein Ende finden wollte. Außerhalb des Badezimmers oder gar in der Öffentlichkeit, z. B. im Schwimmbad, sorgte Michael dafür, daß Olaf nicht „auffällig" wurde. „Wehe, du machst das in der Schule!", das wirkte mehr als jedes elterliche Mahnwort.

Diese Erfahrung bestätigt mir auch die Wichtigkeit (ein kleiner Baustein) der gemeinsamen Erziehung behinderter und nichtbehinderter Kinder in der Schule. Ich kenne die Sorgen vieler Eltern über das „unangemessene" Verhalten ihrer behinderten Söhne und Töchter in der Pubertät. Nichtbehinderte Mitschüler können bei diesen Problemen mit Sicherheit erzieherisch (als Vorbild) wirken. Unseren beiden Söhnen waren bei Beginn der Pubertät alle Fachausdrücke der „Sexualterminologie", alle Zeichen und Geräusche bekannt. Es war aber selbstverständlich, auch für Olaf, daß diese Ausdrücke nur gesagt wurden, wenn wir unter uns waren.

Mit 11 Jahren begannen Olafs Schamhaare zu wachsen. Mit Stolz hat er das registriert, zumal er diese Erfahrung vor seinem Bruder erlebte. Immer noch besuchte er mich (nun schon 11 Jahre alt) nachts und wollte sehr „hautnah" sein. Am liebsten lag er auf meinem Bauch und wiegte sich.

Ehe ich dazu kam, ganz intensiv darüber nachzudenken, ob ich dieses Verhalten noch zulassen sollte, hörten die nächtlichen Besuche abrupt auf. In dieser Zeit etwa hatte er seinen ersten nächtlichen Samenerguß. Ob da ein Zusammenhang besteht, kann ich nicht sagen. Zumindest war es ihm wichtig, allein in seinem Bett zu sein. Die Tür sollte geschlossen sein. Er wollte auch nicht gerne gestört werden. Inzwischen haben wir von Olaf – jetzt 13 Jahre alt – erfahren, daß er sich ein „schönes Gefühl" machen kann. Seinem Vater hat er das Ergebnis des schönen Gefühls unter die Nase gehalten: „So riecht mein Penis". Daß das Samenflüssigkeit ist, will er zur Zeit nicht begreifen. „Samen sehen anders aus!" Er hat aber auch schon gefragt: „Wie bin ich in deinen Bauch reingekommen?" Meine Erklärung fand er absurd: „Quatsch".

Fasziniert bin ich noch heute von der Fähigkeit beider Söhne, ihr Bedürfnis nach Zuwendung – Schmusen – „anzumelden". Aber auch hier zeigt Olaf intensiver seine Gefühle. Er meldet sein Bedürfnis an: „Ich will jetzt schmusen." Er spürt aber auch, wenn ich Bedürfnis nach Trost und Umarmung habe, dann kommt er und streichelt mich und sagt: „Ich liebe Dich."

Wie wird es nun weitergehen? Ich denke, daß Olaf in der nächsten Zeit den Vorgang der Zeugung begreift. Seine Fragen kommen mit Sicherheit!

Für die Zukunft, d. h. für sein Erwachsenenleben, wünsche ich ihm von Herzen eine Partnerschaft. Ich hoffe sehr, daß er die Frau findet, die ihn lieben kann und die auch er akzeptiert und liebt. Zur Zeit verliebt er sich in jede schöne Frau: „Die will ich heiraten"; Schulkameradinnen findet er dagegen blöde. Oft habe ich gesagt, daß ich schon heute auf seine Partnerin eifersüchtig bin, weil er so einfühlsam, so liebevoll ist.

Ja, und was sage ich zu Kindern in dieser Partnerschaft? Ich habe in den letzten Jahren – insbesondere auch durch meine Mitarbeit im Ausschuß Humangenetik-Ethik der Bundesvereinigung Lebenshilfe – viel darüber nachgedacht. Ich kann für ihn kein anderes, „besonderes" Recht finden, er steht unter dem gleichen Grundrecht wie sein Bruder. Ja, auch Olaf hat ein Recht auf Kinder. Er hat dieses Recht wie jeder andere Mensch, d. h. auch wie jeder andere behinderte Mensch.

Soll er dieses Recht verwirklichen? Wie sehe ich das als Mutter? Nach meiner *heutigen* Einschätzung wird Olaf nicht in der Lage sein, alleine, evtl. mit einer behinderten Frau, ein Kind zu erziehen. Ich sage bewußt „nach meiner heutigen Einschätzung". Schon oft habe ich mich im Fortgang seiner Entwicklung getäuscht! Ich habe nicht geglaubt, daß er mehr als Einwortsätze sprechen wird, daß er mir erzählen kann, was er in Kindergarten und Schule erlebt hat, daß er lesen und schreiben lernt, telefonieren lernt – ich könnte 'zig Beispiele aufführen. Er hat alles gelernt!

Nun haben ja schon viele Experten gesagt, daß Down-Syndrom-Männer keine Kinder zeugen können – also bräuchte ich mir vielleicht keine Sorgen zu machen?

Frage ich aber die Mediziner, so heißt es immer wieder: „Endgültig kann das keiner sagen." Ich persönlich bin auch unsicher: Sollten die Samen, die er heute schon produziert, alle unfruchtbar sein? Ich gehe davon aus, daß auch diese fruchtbar sind.

Heute habe ich „im Kopf", Olaf zu erklären, was es bedeutet, ein Kind zu erziehen. Ich will ihm sagen, daß er wahrscheinlich kein Kind erziehen kann, weil er selber Hilfen und Betreuung braucht. Ich will ihm raten, kein Kind zu zeugen, weil es ihm möglicherweise weggenommen würde. Ich weiß mit Sicherheit, daß es für ihn ein großer Schmerz wäre, würde ihm und seiner Partnerin ein Kind weggenommen. Ich meine, daß ich ihn auf diese Gesetzeslage aufmerksam machen muß. Diesen Schmerz, ein eigenes Kind abzugeben, möchte ich ihm ersparen, also halte ich es für sinnvoll, mit ihm über Schwangerschaftsverhütung zu sprechen.

Wenn das Thema „Schwangerschaftsverhütung" diskutiert wird, wird uns Eltern oft – insbesondere von Mitarbeitern – nachgesagt, wir würden unsere Söhne und Töchter „manipulieren", d. h. ihnen einreden, sich sterilisieren zu lassen. Ich bin der Meinung, daß wir natürlich das Recht und die Pflicht haben, mit unseren Söhnen und Töchtern über das Thema Nachkommenschaft zu reden.

Olaf ist einsichtsfähig. Er kann und muß selbst über Schwangerschaftsverhütung – insbesondere natürlich über Sterilisation – entscheiden. Ich will ihm helfen, diese Entscheidung zu treffen. Ich will ihm sagen, daß es nicht sinnvoll ist, daß er Kinder bekommt. Ich fühle mich dazu legitimiert, weil ich ihm grundsätzlich das Grundrecht einräume, Kinder zu haben. Was ist, wenn er diesen Vorschlag nicht akzeptiert? Vielleicht spricht er in einigen Jahren selbst darüber? Auf jeden Fall will ich jetzt schon – wenn es die Gelegenheit ergibt – mit ihm dieses Thema besprechen.

In der Ortsvereinigung der Lebenshilfe in Gießen haben wir mehrere kleine Wohnstätten. Partnerschaft erleben wir und akzeptieren sie selbstverständlich. Die Mitarbeiter haben den Auftrag, Schwangerschaftsverhütung mit Hilfe einer Ärztin in die Wege zu leiten, wenn „intime" Partnerschaft bemerkt wird. Eine Bewohnerin hat kürzlich doch ein Kind bekommen, sie wollte es unbedingt, so haben wir es erfahren. Selbst hat sie innerhalb von 6 Monaten nach der Geburt erlebt, daß sie dieses Kind nicht erziehen und versorgen kann, obwohl ihr eine Erzieherin zur Seite gestellt wurde. Das Kind wurde schließlich mit Zustimmung der Mutter in eine Pflegefamilie gegeben.

Mit dieser kurzen Darstellung will ich nichts „bewerten", es hätte genauso gut anders verlaufen können. Mit Sicherheit ist diese Frau in hohem Maße „einsichtsfähig". Das nicht-behinderte Kind hat jetzt eine Familie gefunden, die die Aufgaben der Erziehung kompetent übernimmt, und die Mutter besucht das Kind, wann immer sie mag. Einer Adoption hat sie nicht zugestimmt!

Wird sich die Mutter jetzt sterilisieren lassen? Nein, sie hat sich vorerst für die Spirale entschieden. Sie hat die Weggabe des Kindes *nicht* als großen Schmerz erlebt. Die junge Frau hat keinen „seelischen Schaden" erlitten. Ich denke auch an das Kind, das mit Sicherheit ein glücklicher Mensch wird.

Meine große Sorge – um zum Abschluß auf den § 1905 des Betreuungsgesetzes zu kommen – ist die, daß viele geistig behinderte Menschen als einwilligungsunfähig/ einsichtsunfähig „erklärt" werden, damit Eltern und Betreuer über eine Sterilisation bestimmen können. Erziehungsunfähigkeit kann nach dieser Erfahrung im Wohnheim kein ausschließliches Kriterium für Kinderlosigkeit sein.

Im § 1905 wird von den einwilligungsunfähigen Betreuten gesprochen – ich kenne zur Zeit keinen, der sexuell so aktiv ist, daß ein Kind gezeugt werden könnte. So möchte ich abschließend betonen, daß die Mehrzahl der geistig behinderten Menschen einwilligungsfähig ist. Ihr Recht zu hüten und zu wahren ist unsere Aufgabe.

Literatur

Hoyler-Herrmann A (1987) Sexualpädagogik bei geistigbehinderten Erwachsenen. In: Sexualpädagogische Arbeitshilfe für geistigbehinderte Erwachsene, 2. erweiterte Aufl. Edition Schindele, Heidelberg

Müller-Erichsen M (1983) Lebensqualität für geistig Behinderte. In: Der geistig behinderte Mensch. Ev. Akademie, Bad Boll (Protokolldienst 7/83)

Partnerschaft und Sexualität im Zusammenleben geistig behinderter Menschen. In: Orientierungshilfen und Richtlinien für Mitarbeiter im Behindertenbereich. Ev. Stiftung Alsterdorf, Hamburg

Sporken P (1974) Geistig Behinderte, Erotik und Sexualität. Patmos, Düsseldorf

Walter J (1987) Am vollen Leben Anteil haben – zur Sexualität geistigbehinderter Menschen. In: Sexualpädagogische Arbeitshilfe für geistigbehinderte Erwachsene, 2. erweiterte Aufl. Edition Schindele, Heidelberg

Überlegungen zu Sexualität und Partnerschaft, zu Kinderwunsch und Sterilisation geistig behinderter Menschen – ein Plädoyer für die Sexualpädagogik

J. Walter

Was denn nun? – Zur aktuellen Situation der Verwirrung

Der allgemeine Normalisierungs- und Liberalisierungsprozeß hinsichtlich Koedukation und Sexualität geistig behinderter Menschen in Wohn- und Werkstätten sowie in Freizeitklubs hat viele Eltern und Betreuer in den letzten Jahren umdenken lassen. Nur noch in wenigen Großanstalten oder streng geführten Wohnheimen wird hart nach Männern und Frauen sortiert. War früher Verhinderung oder pädagogische Ablenkung der Sexualität geistig behinderter Menschen wichtigstes „sexualpädagogisches" Leitziel – nach dem Motto „Anstaltsunterbringung ist die beste Form der Empfängnisverhütung" –, so ist heute den meisten behindertenpädagogischen Überlegungen gemeinsam, geistig behinderten Menschen dasselbe Recht auf Entfaltung ihrer Persönlichkeit zuzugestehen und dabei den Wunsch nach partnerschaftlichen Beziehungen, einschließlich sexueller Kommunikation, als Bestandteil der Teilnahme am gesellschaftlichen Leben zu akzeptieren. „Man braucht eben mehr als Essen und Trinken, das ist eben das dritte Bedürfnis. Was soll ein Gehirnschaden wohl damit zu tun haben, daß nun alles beeinträchtigt ist? Gefühlsmäßig und bedürfnismäßig lebt doch alles" – so die Mutter einer geistig behinderten Frau (zit. nach Schieche von Eickstedt 1981, S. 53).

Wer aber in diesem Sinne sexuelle Persönlichkeitsrechte bejaht, der muß auch für geistig behinderte Menschen die Möglichkeit des Geschlechtsverkehrs und die weiteren Folgen einer Schwangerschaft einkalkulieren. Doch an diesem Punkt geht die aktuelle Diskussion in der Bundesrepublik Deutschland in die Kontroverse – die meisten Eltern und Vormünder und sehr viele Mitarbeiter (wobei hier ein Generationenproblem erkennbar wird) postulieren apodiktisch: Es ist undenkbar, daß geistig behinderte Menschen ein eigenes Kind verantwortlich versorgen und erziehen! Man müsse obendrein an das Kind denken: seine Eltern wären ja geistig behindert! Und da Verhütungsmittel angeblich durch geistig behinderte Menschen nicht sachgemäß angewendet werden könnten, müsse möglichst frühzeitig sterilisiert werden, bevor es zu spät ist.

Wer also seinem geistig behinderten Kind ein Recht auf Sexualität und Partnerschaft zugestehen will, für den ist als Elternteil oder Vormund bisher selbstverständlich gewesen, anstelle seines Kindes in die Sterilisation einzuwilligen. Daran zweifelten auch kaum die operierenden Ärzte. Häufig war auch seitens der Fachleute aus Sonderschule, Heim oder Behindertenfachverband geraten worden, die Sterilisation als sicherste Empfängnisverhütung möglichst noch vor dem 18. Lebensjahr durchzuführen wegen der – wie man annahm – schwierigeren Problematik der vormundschaftlichen Einwilligung zum späteren Zeitpunkt.

Dies ist jedoch ein juristischer Trugschluß. Denn nach § 226a StGB kann die Einwilligung zur Sterilisation nur vom Betroffenen selbst gegeben werden, völlig unabhängig von dessen Alter oder Geschäftsfähigkeit.

Die bisherige Praxis scheint nun endgültig vorbei. Ich erinnere: Im Oktober 1984 griff eine Panorama-Sendung des NDR das heiße Thema „Sterilisation" auf, und der Spiegel (Nr. 41/1984) sekundierte: „Hunderte, möglicherweise Tausende geistig behinderter Mädchen und Frauen werden in der Bundesrepublik sterilisiert." Die interne Fachdiskussion in den Behindertenverbänden und Elternvereinigungen war nur langsam über anfänglich empörte Richtigstellungen hinaus inhaltlich in Gang gekommen, als dann im September 1986 die bundesdeutsche Öffentlichkeit erneut durch die Medienmeldung aufschreckte: „Zwangssterilisierung in Berliner Kliniken?" Nach und nach sickerte durch, daß die Staatsanwaltschaft gegen 14 Ärzte wegen des Verdachts der Körperverletzung und Zwangssterilisation von 19 geistig behinderten Menschen zwischen 14 und 25 Jahren ermittelte. Allerdings habe in allen Fällen das Einverständnis der Eltern oder des gesetzlichen Vormunds zur Sterilisation vorgelegen, da eine „Einsichtsfähigkeit" wegen schwerer geistiger Beeinträchtigung nicht angenommen werden könnte (dpa 14. 10. 1986).

Verunsicherung und Rechtsunsicherheit sind seither beträchtlich. Vielen betroffenen Eltern und Mitarbeitern aus Behinderteninstitutionen wurde schlagartig deutlich, daß sie möglicherweise Beihilfe zu einer strafbaren Handlung geleistet hatten, wenn sie in wohlmeinender Grundhaltung „ihrem Kind" die Teilnahme am vollen normalen Leben eröffnen wollten und deshalb sterilisieren ließen – ohne dessen eingeholte Einwilligung. Zu dieser Rechtsfrage hier §§ 224–226d StGB:

StGB, 17. Abschnitt. Körperverletzung

§ 224. Schwere Körperverletzung. (1) Hat die Körperverletzung zur Folge, daß der Verletzte ein wichtiges Glied des Körpers, das Sehvermögen auf einem oder beiden Augen, das Gehör, die Sprache oder die Zeugungsfähigkeit verliert oder in erheblicher Weise dauernd entstellt wird oder in Siechtum, Lähmung oder Geisteskrankheit verfällt, so ist auf Freiheitsstrafe von einem Jahr bis zu fünf Jahren zu erkennen.
(2) In minder schweren Fällen ist die Strafe Freiheitsstrafe bis zu fünf Jahren oder Geldstrafe.

§ 225. Beabsichtigte schwere Körperverletzung. (1) War eine der vorbezeichneten Folgen beabsichtigt und eingetreten, so ist auf Freiheitsstrafe von zwei bis zu zehn Jahren zu erkennen.
(2) In minder schweren Fällen ist die Strafe Freiheitsstrafe von sechs Monaten bis zu fünf Jahren.

§ 226. Körperverletzung mit Todesfolge. (1) Ist durch die Körperverletzung der Tod des Verletzten verursacht worden, so ist auf Freiheitsstrafe nicht unter drei Jahren zu erkennen.
(2) In minder schweren Fällen ist die Strafe Freiheitsstrafe von drei Monaten bis zu fünf Jahren.

§ 226a. Einwilligung des Verletzten. Wer eine Körperverletzung mit Einwilligung des Verletzten vornimmt, handelt nur dann rechtswidrig, wenn die Tat trotz der Einwilligung gegen die guten Sitten verstößt.

Die Verwirrung spitzte sich zu, denn seit Herbst 1986 ist es in vielen Städten der BRD selbst für sterilisationswillige und nach geltendem Recht einsichts- und einwilligungsfähige geistig behinderte Erwachsene äußerst schwer, einen Arzt für diesen Eingriff zu finden. Deshalb wird allenthalben eine Klärung durch den Gesetzgeber für dringend notwendig erachtet. Im November 1987 kam schließlich der Bundesminister der Justiz mit der Vorlage eines Diskussionsentwurfs zum neuen Betreuungsgesetz dieser Forderung nach. § 1905 BGB soll künftig die Sterilisation einwilligungsunfähiger Betreuter regeln. Im folgenden wird der entsprechende Gesetzesvorschlag wiedergegeben.

Gesetzesvorschlag des Bundesministeriums der Justiz zur Regelung der Sterilisation einwilligungsunfähiger Menschen

§ 1905 BGB-Entwurf [Betreuungsgesetz]

(1): In eine Sterilisation des Betreuten, in die dieser nicht einwilligen kann, kann der Betreuer nur einwilligen, wenn
1. die Sterilisation dem Willen des Betreuten nicht widerspricht,
2. der Betreute auf Dauer einwilligungsunfähig bleiben wird,
3. anzunehmen ist, daß es ohne die Sterilisation zu einer Schwangerschaft kommen würde,
4. anzunehmen ist, daß ein Abbruch dieser Schwangerschaft gemäß § 218a Abs. 1, Abs. 2 Nr. 1, 3 des Strafgesetzbuches nicht strafbar wäre und
5. die Schwangerschaft nicht durch andere zumutbare Mittel verhindert werden kann.

(2): Die Einwilligung bedarf der Genehmigung des Vormundschaftsgerichts. Die Sterilisation darf erst zwei Wochen nach Wirksamkeit der Genehmigung durchgeführt werden.

Die Gegner dieser Neuregelung sehen hierin aber keinen Fortschritt, da dies erneut eine Benachteiligung behinderter Menschen bedeute und eine Sondersituation schaffe, die obendrein die Normalisierungsbemühungen und die „Annäherung an die Regelsituation" blockiere. Sonderrechte für geistig behinderte Menschen werden abgelehnt.

Die aktuelle Verwirrung wurde komplettiert durch Äußerungen eines führenden und weltweit renommierten Down-Syndrom-Forschers und Vertreters der Disziplin, die nach dem neuen Betreuungsgesetz als Fachgutachter beurteilen muß, ob „der Betreute auf Dauer einwilligungsunfähig bleiben wird" (§ 1905). Unter dem reißerischen Titel „Psychologen drängen Behinderte zum Koitus" veröffentlichte *Medical Tribune* in der deutschen Ausgabe am 11. 08. 1987 Auszüge aus einem Fachreferat Prof. Retts beim Internationalen Fortbildungskongreß der Deutschen und Österreichischen Ärztekammer:

> Unter der Devise „Normalisation" postulieren inkompetente Behinderten-Romantiker nicht nur ein solches „Recht" [auf Sexualität], sondern leiten geistig Behinderte, quasi mit dem Kondom in der Hand, aktiv zu Koitus und Cunnilingus an ... Man gehe in einigen Institutionen heute schon so weit, beide Geschlechter buchstäblich „zum Paaren zu treiben", ihnen die Möglichkeit des Zusammenlebens in einem Zimmer, in einem Bett zu gewähren, praktische Anleitung zum Geschlechtsverkehr zu geben und dann die Schwangerschaft für eine geistig behinderte Frau als emotionalen Höhepunkt ihres Lebens zu postulieren.

Rett geht – nach *Medical Tribune* – davon aus, daß Freundschaft und Zärtlichkeit schlagartig verloren gingen, wenn sie in den genitalen Bereich umgelenkt würden. Es scheine, daß das Handeln der Betreuer „nur das Produkt eigener nicht ausgereifter Sexualität" sei, wenn sie Behinderte „quasi verkuppeln".

Für Eltern und Vormünder und in der Behindertenarbeit wurde die Verwirrung vollends perfekt, nachdem Ende August 1988 das Berliner Landgericht in einem aufsehenerregenden Urteil die amtsrichterlich erwirkte Entscheidung des Jugendamtes rückgängig machte und geistig behinderten Eltern das Sorgerecht für ihre im Mai 1988 geborene Tochter zuerkannte. Aus Artikel 6 des Grundgesetzes („Ehe und Familie stehen unter besonderem Schutz des Staates") folgerte das Landgericht, daß ein Kind grundsätzlich zu seinen leiblichen Eltern gehöre. „Die bloße Erwägung, daß minder begabte Eltern ihren Kindern nicht dieselben Entwicklungsmöglichkeiten bieten können wie normal begabte Eltern, läßt eine Ausnahme von diesem, den Naturgegebenheiten Rechnung tragenden Grundsatz nicht zu." Die Richter begründeten ihre Entscheidung mit der Überlegung, die Würde des Menschen wäre angetastet, wenn geistig behinderte Mütter und Väter von vornherein vom Zusammenleben mit ihren Kindern ausgeschlossen würden (*Frankfurter Rundschau* 23. 08. 1988).

Was denn nun? Sexualität, auch Genitalsexualität als Persönlichkeitsrecht für geistig behinderte Menschen? Mühsam wurde gelernt, dieses Grundrecht zu bejahen. Nach Prof. Rett muß diese Erkenntnis jedoch als Ideologie inkompetenter Behindertenromantiker und Sexualneurotiker abgetan werden. Sodann versucht der Bundesminister der Justiz, unterstützt von der Bundesvereinigung Lebenshilfe für geistig Behinderte, mit dem § 1905 BGB Abhilfe in die Grauzone der Sterilisation behinderter Menschen zu bringen, um sie vor Übergriffen und Drittinteressen zu schützen. „Keine Kinder Einwilligungsunfähiger" – dies kann als Grundtenor herausgelesen werden. Doch gerade dieses Recht auf das eigene Kind macht das Berliner Landgericht erstmalig auch für geistig behinderte Eltern juristisch „hoffähig". Was denn nun?

Wem nützt die Sterilisation geistig behinderter Menschen?

Ich möchte im folgenden versuchen, die aktuelle Diskussion um pädagogisch-psychologische und insbesondere sexualpädagogische Aspekte zu erweitern. Ausgangspunkt aller Überlegungen ist der/die *„einwilligungsunfähige Betreute"*, dessen/deren Willen – so wird unterstellt – nicht erkennbar sei, da aufgrund der Behinderung die Einsicht in die zur Verhandlung stehende Problematik fehle. Ebenso wird unterstellt, daß die Betreuten munter in der Lage sind, Kinder in die Welt zu setzen, zu deren Pflege und Erziehung sie aber keineswegs und auch auf Dauer nicht in der Lage wären.

Faktisch geht es um die fehlende Einsicht, aufgrund der Schwere der Behinderung besser keine Kinder zu zeugen oder zu gebären. Aber andererseits soll das Recht auf sexuelle Entfaltung keinem behinderten Menschen vorenthalten werden, und sei er noch so schwer behindert. Hinter der ganzen Argumentation steckt ein paradoxer Widerspruch. Da wird einerseits die Freigabe der Sterilisation einwilligungsunfähiger geistig behinderter Menschen mit der Begründung gefordert, diesen Menschen eine von Normalisierung und Integration geprägte Teilhabe am erfüllten Leben zu ermöglichen und ihnen deshalb mehr Freiräume zu selbstbestimmter Lebensgestaltung inklusive sexueller Beziehungen gewähren zu wollen. Andererseits wird aber ein anthropologisches Grundrecht auf eigene Kinder abgesprochen.

Darüber hinaus fällt auf, daß vielerorts dem liberalen Anspruch einer vorgeblich positiven Grundeinstellung zur Sexualität behinderter Menschen eine repressive Realität des Erzieheralltags gegenübersteht: In Werkstufen und Werkstätten sind häufig junge geistig behinderte Frauen anzutreffen, die auf Elternveranlassung sterilisiert wurden, aber trotzdem jeglichen Kontakt zum männlichen Geschlecht untersagt bekommen und an koedukativen Freizeitmaßnahmen – wenn überhaupt – nur unter Kontrolle der Eltern teilnehmen dürfen. Ebenso leben in Wohngruppen und Wohnheimen sterilisierte Frauen, die dennoch nicht mit dem Freund allein aufs Zimmer dürfen, da sie nach Meinung der Heimleitung „beziehungsunfähig" und deshalb „unreif für eine sexuelle Partnerschaft" seien. Sexualpädagogische Konzeptionen mancher Heime werden so zur reinen Ideologie, mit der man aufmüpfige Gruppenerzieher besänftigen kann. Deshalb die zugespitzte Frage: Wem dient letztlich die Sterilisation geistig behinderter Menschen? Mit 5 Hauptthesen möchte ich zusammenfassend und plakativ antworten.

1) Offensichtlich dient die Sterilisation weniger dem psychosozialen Wohl bzw. der Lebensqualität der behinderten Menschen, sondern eher der Beruhigung der Betreuerängste und der Erfüllung des Wunsches nach risikoloser Totalsicherheit. Nach meiner Erfahrung bestehen nur in relativ wenigen Fällen überhaupt vor dem Sterilisationsbegehren der Sorgeberechtigten genitalsexuelle Wünsche oder Kontakte der behinderten Menschen. Sexualpädagogische Bemühungen wurden allenfalls in minimaler Form einer Sexualhygiene bei Monatsblutung oder bei zu anstößigem Masturbationsgebaren unternommen.
Wen wundert es, wenn diese mangelhaften sog. „Aufklärungsversuche" mehrheitlich scheitern und angebliche „Einwilligungsunfähigkeit" von Sorgeberechtigten und Facharzt festgestellt wird?

2) Wo adäquate Sexualerziehung im Kindes- und Jugendalter unterblieb und auch im Erwachsenenalter nicht kompensatorisch nachgeholt wurde, kann mit Sicherheit prognostiziert werden, daß der Zusammenhang von Zeugung und Verhütung sowie die Perspektive der Kinderlosigkeit von geistig behinderten Menschen nicht erfaßt werden kann und somit die Einwilligung zur Sterilisation mangels Einsichtsfähigkeit ausbleiben wird. Aufgrund fehlender Sexualpädagogik auf Dauer einsichts- und deshalb einwilligungsunfähig!

3) Sexualpädagogisch nur schwer zugänglich sind allenfalls geistig schwerst-behinderte Menschen. Doch bei diesem Personenkreis ist zu vermuten, daß die Genitalsexualität selten eine partnerzentrierte Realisierung aufweist, sondern sich primär in autosexueller Befriedigung äußert. Obendrein sind diese behinderten Menschen meist mehrfachbehindert und benötigen rund um die Uhr eine persönliche Betreuung. Eine prophylaktische Sterilisation kann deshalb entfallen.

4) Die mehrheitlich sexualpädagogisch zugänglichen geistig behinderten Menschen sind nach intensiver sexualpädagogischer Auseinandersetzung in der Lage und auch bereit, in eine Sterilisation einzuwilligen. Dabei besteht die Einwilligung nicht nur in einem manipulierten Kopfnicken, wie oft unterstellt wird. Doch sind

für diese sexualpädagogischen Gespräche geschulte Mitarbeiter erforderlich. Ein einmaliges Gespräch mit einem unbekannten Facharzt wird erfolglos bleiben.
) Probleme machen die verhaltensauffälligen behinderten Menschen. Die Gründe zur Indikation einer Sterilisation dürften im großen und ganzen im Bereich dieser sexuellen Verhaltensauffälligkeiten liegen. Da aber Verhaltensauffälligkeiten grundsätzlich psychologisch-therapeutisch bzw. pädagogisch zugänglich, also vorübergehender Natur sind, kann nicht davon ausgegangen werden, daß dieser Personenkreis „auf Dauer einwilligungsunfähig bleiben wird" (vgl. § 1905).

Diese Thesen gilt es nun nachfolgend zu erläutern und zu vertiefen.

Als Leitmodell einer typischen Betreuerargumentation soll ein Leserbeitrag einer Mutter aus der *Lebenshilfe-Zeitung* Nr. 1/1985 dienen. Der Beitrag bringt das Problem auf den Punkt und könnte so auch programmatisch als Begründung hinter dem Entwurf des § 1905 stehen:

> Wie aber verhindert man eine Schwangerschaft, wenn man nicht bereit ist, die Schwangerschaftsunterbrechung von vornherein mit einzukalkulieren? Die Pille als Vorbeugungsmittel ist mehr als unsicher. Selbst wenn sich z. B. die Mutter die Mühe macht, ihrer Tochter höchstpersönlich die Pille täglich in den Mund zu schieben, so garantiert das noch nicht, daß die behinderte Tochter die Pille auch runterschluckt ... In vielen Fällen bietet sich daher die Sterilisation wohl als die praktikabelste Lösung an ... eine geistig behinderte Frau soll ja nie ein Kind bekommen. Nicht etwa, um die Geburt „unwerten Lebens" zu verhindern ... Man kann diese Diskussion nicht führen, ohne an das Kind zu denken. Wie wird es aufwachsen mit dem Wissen „Vater unbekannt, Mutter geistig behindert" oder später, wenn es die eigene Mutter in der geistigen Entwicklung schon im Vorschulalter überrundet? ... Wenn behauptet wird, eine Sterilisation verletze die Würde der Frau, und ... dann als Lösung „einsperren" oder „besser isolieren" vorgeschlagen wird, ist diese Alternative erstens unpraktikabel und zweitens würdeloser ... Wenn sich also Eltern zur Sterilisation ... entschließen, tun sie es aus Verantwortungsbewußtsein und nicht aus purer Bequemlichkeit.

Diese Argumentation ist aus der Sorge der Eltern und Betreuer verständlich. Ob sie allerdings so auch inhaltlich zutrifft, möchte ich in Frage stellen.

Wie verhindert man eine Schwangerschaft? – Verhütungsmittel

„Wie aber verhindert man eine Schwangerschaft?", fragt die Mutter gleich zu Beginn. Und auch Satz 5 Abs. 1 des § 1905 geht davon aus, daß ohne Willensäußerung sterilisert werden könne, wenn die Schwangerschaft nicht durch andere zumutbare Mittel verhindert werden kann. Aus medizinischer Sicht sind dabei grundsätzlich dieselben Mittel in Betracht zu ziehen wie bei Nichtbehinderten (Engler 1986).

Häufig wird jedoch von Eltern und Betreuern die Anwendung von Verhütungsmitteln generell abgelehnt, sei es mit dem Argument der gesundheitlichen Nebenwirkung oder der riskanten Unregelmäßigkeit der Einnahme oder überhaupt aus dem Wunsch nach totaler Sicherheit vor unerwünschtem Nachwuchs. Dabei fällt auf, daß oft schon gegen Verhütungsmittel argumentiert wird, obwohl weder einschlägige Versuche unternommen wurden noch Erfahrungen seitens der Betroffenen vorliegen noch diese überhaupt schon eindeutig genitalsexuelle Interessen bekundet hatten.

Hinzu kommt, daß die wenigsten Eltern und Betreuer umfassend über mögliche Kontrazeptiva und deren Praktikabilität informiert sind. Eine intensive Auseinandersetzung mit den Möglichkeiten der Empfängnisverhütung auch im Hinblick auf die Sterilisationswünsche ist jedoch unerläßlich, da aus ethischen und sexualpädagogischen Erwägungen nur dann einer Sterilisation zuzustimmen ist, wenn alle anderen Verhütungsmittel durchgeprüft und aufgrund fachärztlicher und sexualpädagogischer Beratung nicht einmal als vorübergehend und deshalb als absolut nicht anwendbar eingestuft werden.

Allen Verhütungsmitteln und -methoden ist mit Ausnahme der Sterilisation gemeinsam, daß ihre Wirkung reversibel ist, d. h. nur eine vorübergehende Ausschaltung der Zeugungs- und Empfängnisfähigkeit erfolgt. [Die bisherigen Refertilisierungschancen der Mikrochirurgie bei Sterilisation sind erfreulich hoch. Doch sie ändern zur Zeit noch nichts an der generellen Diskussion. Die Herausgeber verweisen auf: Baumann R (1989) Refertilisation – operative Möglichkeiten und Chancen. In: Mohr J et al. (Hrsg) Management der Unfruchtbarkeit. Springer, Berlin Heidelberg New York Tokyo, S 3–9.]

Bei mechanisch-chemischen Methoden werden eine gewisse praktische Intelligenz und einige Kenntnisse der Anatomie vorausgesetzt, so daß eine exakte Anwendung bei den Schwächen geistig behinderter Menschen wohl kaum anzunehmen ist. Dies gilt in verstärkterem Maße bei Zeitwahlmethoden. Obendrein sind diese Methoden relativ unsicher.

Wo es medizinisch ohne Bedenken möglich ist, sollte zunächst die Pille oder die Dreimonatsspritze verwendet werden. Bei relativ geringem Kontrollaufwand und eigener Motivation des betroffenen geistig behinderten Menschen dürfte dies für einen überschaubaren Zeitraum ohne größere Schwierigkeiten möglich sein. Seit kurzem ist auf dem internationalen Markt ein neues Präparat erhältlich: Norplant. Es soll 5 Jahre implantierbar sein und wie die Pille wirken. Wo sexuelle Partnerschaften schon länger und intensiver bestehen, wird zur Spirale geraten, die in heute schon recht gut verträglichen Ausführungen zu erhalten ist.

Allerdings ist einzuwenden, daß ständige Kontrollen und Arztüberwachungen, sofern sie nicht aus einer gewissen Eigenmotivation intrinsisch mitgetragen werden, immer auch Eingriffe in die Intimsphäre und damit eine Verletzung der Menschenwürde bedeuten. Ohne langjährige und die Geschlechtsreife positiv vorbereitende Sexualerziehung wird kaum einem geistig behinderten Jugendlichen einleuchten, warum er/sie ständig prophylaktisch Verhütungsmittel nehmen soll, ohne überhaupt eine feste Sexualpartnerschaft zu leben – bei nichtbehinderten Jugendlichen wird dies nicht anders sein. Es hat sich gezeigt, daß dort, wo eine Freundschaft und Partnerschaft sich anbahnt und über längere Zeit stabilisiert, die Eigenmotivation zur sexualpädagogischen Kontrazeptionsberatung vorhanden ist und sich aus der aktuellen Betroffenheit heraus eine ungeahnte „Einsichtsfähigkeit" auch in Fragen der Empfängnisverhütung entwickelt.

Allerdings wird dies im Erwachsenenalter weit eher der Fall sein als mit 12, 14 oder 17 Jahren. Auch bei nichtbehinderten Jugendlichen sind entsprechende Motivationen zur Sexualberatung erst aufgrund altersmäßiger und situationsbezogener Aktualität zu erkennen, wie Erfahrungen der sexualpädagogischen Jugendberatungsstellen bestätigen. (Zu Recht geht § 1905 des Entwurfs von über 18jährigen aus.)

Methodisch-didaktische Umsetzung

Leider sind jedoch die meisten Eltern und auch die Sonderschullehrer bisher noch bei weitem überfordert, genauso viel methodisch-didaktisches Geschick und v. a. Zeit für die Einübung einer selbständigen Anwendung von Verhütungsmitteln aufzubringen, wie sie dies z. B. im lebenspraktischen Unterricht für das Essen mit Messer und Gabel oder das Kleiderknöpfen oder Schuhebinden tun. Warum soll bei Verhütungsmitteln nicht auch zutreffen, daß ohne ständige übende Wiederholung kein dauerhaftes Verhaltensrepertoire entsteht? Allerdings stehen Lehrer aufgrund der Schulgesetze auf recht verlorenem Posten. Wenn überhaupt Sexualkunde oder gar Verhütungsmethoden im Rahmenplan der Schule für geistig Behinderte vorkommen (was z. B. in Baden-Württemberg nicht der Fall ist), so stößt die praktische Vorführung und das Einüben – z. B. des Überstreifens von Kondomen, und sei es nur am Holzpenismodell – auf erhebliche, nicht nur schulrechtliche Schwierigkeiten. Mitarbeiter im Heimbereich bei geistig behinderten Erwachsenen haben es bedeutend leichter.

Die didaktischen und methodischen Überlegungen können sich zunächst an allgemeinen Prinzipien sexueller Erziehung orientieren. Im konkreten Fall der Verhütungsinformation kann auf die vielfältigen Erfahrungen der sexualpädagogischen Jugendberatung der *Pro Familia* mit unterschiedlichen Medien und Materialien zurückgegriffen werden. So ist z. B. der „Verhütungskoffer" hervorragend geeignet, da er zum direkten „Begucken" und „Anfassen" animiert. Dies hilft die Motivation zu weiterer Information entscheidend zu steigern. Es ist anzunehmen, daß Aids uns alle hier noch sehr erfinderisch machen wird. Denn bekanntlich schützen Kondome vor Aids, nicht aber eine Sterilisation.

Letztlich erfordert dieser längere sexualpädagogische Weg eine qualifizierte Schulung und sexualpädagogische Fortbildung der Erzieher und Mitarbeiter. Sexualpädagogische Konzeptionen reichen allein nicht aus, wichtiger ist die Auseinandersetzung der Mitarbeiter mit der eigenen Einstellung zur Sexualität, mit den eigenen Sexualängsten und ethisch-moralischen Normen.

Sexuelle Partnerschaft geistig behinderter Menschen

Satz 3 Abs. 1 § 1905 geht davon aus, daß nur dann ohne Willensäußerung sterilisiert werden dürfe, wenn auch tatsächlich genitalsexuelle Beziehungen vorhanden sind und es „zu einer Schwangerschaft kommen würde". Wie sieht es denn überhaupt mit sexueller Partnerschaft geistig behinderter Menschen aus?

Was geistig behinderte Menschen mit Partnerwünschen oder Heirat verbinden und wieweit sie in ihr soziosexuelles Verhalten überhaupt den Genitalbereich einbeziehen, ist bisher kaum empirisch nachgewiesen. Krebs (1985, S. 741) erwähnt, daß „der genitalsexuelle Vollzug hierzulande unter mittel- und schwergradig geistig Behinderten nur von einem relativ geringen Prozentsatz – etwa 10–15% – bekannt" sei und daß „außerordentlich schwankende, fließende Übergänge sexueller Verwirklichung vorliegen, dies auch bei äußerem Anschein nach partnerschaftlich sehr engen und sexuell intimen Kontakten". Auch Schröder (1982, S. 154) geht davon aus, daß „wir bei geistig behinderten Paaren gelegentlich ein ihre Bedürfnisse voll befriedigendes Intimleben ohne geschlechtliche Vereinigung annehmen können". Rett (1987) argumentiert ähnlich, kommt aber zu ganz anderen Schlüssen.

Wo in partnerschaftlichen Beziehungen Genitalsexualität keine Rolle spielt, können die Risiken für eine Schwangerschaft zunächst einmal wesentlich geringer veranschlagt und kann auf ständige Verhütung verzichtet werden. Dies kann bei weit mehr geistig behinderten Paaren unterstellt werden, als Eltern und Betreuerphantasien hineinprojizieren. Aus der jugendpsychologischen Beratung ist bekannt, daß fürsorgende Eltern mit ihren Befürchtungen und Sexualphantasien hinsichtlich des potentiellen Sexualverhaltens ihrer Kinder alles in den Schatten stellen, „was die Jugendlichen an Phantasien auf diesem Gebiet je aufzubringen vermögen" (Lempp 1986). Dies gilt auch für Eltern geistig behinderter Jugendlicher.

Unter normalisierter Erziehungsbedingung, in der Sexualität ganzheitlich bejaht wird, ergibt sich auch bei geistig behinderten Paaren der Zeitpunkt des genitalsexuellen Interesses im Prozeß des näheren Kennenlernens und „Miteinandergehens" keineswegs völlig abrupt. Innerhalb einer Vertrauensbeziehung zu den behinderten Menschen werden ihre Bezugspersonen dann den genitalsexuellen Wunsch erkennen. Daraus ergibt sich von selbst die pädagogisch sinnvolle gemeinsame Planung einer Empfängnisverhütung. Dies mag zugegebenermaßen der „ideale Normalfall" sein. Aus der Erfahrung vieler Eltern und Betreuer kann aber dieses sexualpädagogische Optimum auch für geistig behinderte Heranwachsende bestätigt werden.

Bei geistig schwerstbehinderten Menschen ist zu vermuten, daß ihre Genitalsexualität selten eine derartige sozial- und partnerzentrierte Realisierung aufweist, sondern sich häufig in autosexueller Bedürfnisbefriedigung äußert (Selbstbefriedigung). Hier eine prophylaktische Sterilisation durchzuführen, ist deshalb abzulehnen.

Kinder geistig behinderter Eltern

Im Zentrum des erwähnten Beitrags einer Mutter steht der Satz: „Eine geistig behinderte Frau soll nie ein Kind bekommen". In diesem Zusammenhang ist auch der Verweis auf § 218 und die Abbruchthematik in Satz 4 (1) § 1905 verständlich.

Zur Frage Kinder geistig behinderter Eltern waren sich bis vor kurzem nahezu alle Autoren im deutschsprachigen Raum einig: Eine Selbstbestimmung hinsichtlich Nachkommenschaft wird abgelehnt. Für die ablehnende Haltung gegenüber einer Elternschaft führt Mühl (1984, S. 122) folgende Gründe an: „Ein Kind muß ausreichend gepflegt und versorgt, erzogen und angeregt werden; dies können Personen mit geistiger Behinderung in der Regel nicht leisten, d. h. das Sorgerecht würde den Eltern entzogen, das Kind vielleicht einer Pflegefamilie oder einem Heim übergeben werden." Nach Krebs (1985, S. 742) ist zudem zu prüfen, ob unter medizinischen (körperlich-konstitutionellen) sowie psychosozialen Aspekten eine Schwangerschaft überhaupt vertretbar ist. Denn „nur begrenzt kann erwartet werden, daß geistig wie seelisch die Gravidität ein positives Erlebnis darstellen wird". Und selbst wenn die behinderte Frau in der Lage wäre, ein Kind auszutragen, so wäre es „eine psychisch unzumutbare Belastung, ihr das Kind direkt bei der Geburt oder im Laufe des ersten Lebensjahres fortzunehmen" (Thesen zu einer Regelung ... 1986).

In Skandinavien herrscht in der Frage der Elternschaft nicht dieselbe ablehnende Übereinstimmung. Und auch das Berliner Landgericht kam vor kurzem zu einem anderen Ergebnis. Aus Schweden ist bekannt, daß verstärkt Hilfen für geistig behinderte Eltern angeboten werden: Haushaltshilfen, Kontaktfamilien, Tagesstättenplätze bei einer Werkstätte für Behinderte. Zudem wurden positive Erfahrungen mit Gesprächs- und Trainingsgruppen für geistig behinderte Mütter gemacht. Ähnliches wird aus den USA berichtet. Man geht davon aus, daß diese Eltern im Prinzip die gleichen Probleme wie nichtbehinderte Eltern haben, jedoch in der für sie ungewöhnlichen Situation mehr Hilfe brauchen.

In der Bundesrepublik sind erst vereinzelte Fälle geistig behinderter Paare mit Kind bekannt geworden (z. B. in Braunschweig; vgl. *Die Lebenshilfe-Zeitung* 2/1986). Meist sind es Betreuer in kleineren Wohnstätten, die das Selbstbestimmungsrecht geistig behinderter Menschen dermaßen konsequent gelten lassen, daß sie akzeptieren, wenn geistig behinderte Bewohner trotz eingehender pädagogischer Beratung dennoch vom Kinderwunsch nicht Abstand nehmen. Leider ist sozialrechtlich (noch) nicht geklärt, wer dann die dringend erforderlichen Betreuungskosten der „behinderten" Familie finanziert. Die derzeitigen gesellschaftlichen Möglichkeiten und der Stand der Integrationschancen in der BRD lassen noch nicht absehen, wann ausreichend Unterstützungshilfen eine Elternschaft geistig behinderter Menschen erleichtern würden. Aus diesem sozialpolitischen Grund ungeklärter Kostenregelung und weniger aus Gründen der Erziehungsunfähigkeit werden (leider) Eltern geistig Behinderter immer noch dahingehend zu beraten sein, die Zeugung von Kindern besser zu vermeiden.

Wenn aber trotz intensiver Sexualberatung der Kinderwunsch nicht auszuräumen ist, dann gibt es für mich ethisch und rechtlich keine Möglichkeiten der anderweitigen Zwangsbeeinflussung. Denn gegen den erklärten Willen eines Betroffenen darf nicht sterilisiert werden (so auch Satz 1, 1 § 1905). Wenn andere Verhütungsmittel ebenfalls abgelehnt werden, erfordert es große pädagogische Toleranz und viel Phantasie, bei eingetretener Schwangerschaft die Sexualberatung als unterstützende Familienhilfe weiterzuführen, z. B. Geburtsvorbereitung, Wohnraumbeschaffung, ambulante sozialpädagogische Betreuung, Haushaltshilfe und Erziehungshilfe, Kindertagesstättenplatz bei der WfB usw.

Zum Kinderwunsch vieler geistig behinderter Mädchen und Frauen muß aber aus psychologischer Sicht einiges ergänzt werden. Betrachtet man die Normalbiographie geistig behinderter Menschen, so lassen sich fehlende Auseinandersetzung mit Gleichaltrigen in Peergruppen, geringe Akzeptanz der Behinderung, Verhinderung des Erwachsenwerdens und fehlende Ablösung aus dem Elternhaus feststellen. Die Vorstellung von der Unerreichbarkeit des Erwachsenenstatus und die daraus resultierende Abhängigkeit in der unselbständigen Rolle des großen Kindes impliziert „Kinderfreundschaft" anstelle reifer sexueller Partnerschaft. Das Ergebnis ist erschreckend: der infantile geistig Behinderte in einer infantilisierenden Umgebung.

Berücksichtigt man diese biographischen Faktoren, dann wird verständlich, warum viele geistig behinderte Mädchen so vehement am Kinderwunsch festhalten. Die Erfüllung des Kinderwunsches kann Bestätigung der eigenen Normalität bedeuten und damit die abgelehnte Behinderung kompensieren helfen. Das eigene Kind, so wird unbewußt phantasiert, erwirke die Ablösung von den Eltern und öffne das Tor zur Welt der nichtbehinderten Normalen.

Wenn von einem Grundrecht auf ein Kind die Rede ist, dann handelt es sich nicht um ein juristisch einklagbares Recht, ähnlich dem Recht auf Arbeit, das bedauerlicherweise auch kein Arbeits- bzw. Erwerbsloser einfordern kann. Sondern hier ist allenfalls eine anthropologische bzw. entwicklungspsychologische Konstante im Sinne Eriksons gemeint. Erikson (1971) hat in seiner Lebenszyklustheorie den menschlichen Lebenslauf in 8 Phasen eingeteilt. Dabei ging er im Erwachsenenalter von einer Phase der „Generativität" aus, wonach bis spätestens mit 35 Jahren Menschen einen Kinderwunsch entwickelten in dem Sinne, daß sie ihre eigene Person und Endlichkeit in Raum und Zeit zu transzendieren suchten. Folgt man Eriksons Lebenslauftheorie, so ist die anthropologische Konstante des Kinderwunsches auch für Menschen mit geistiger Behinderung zutreffend.

Es hängt deshalb sehr viel vom pädagogischen Geschick der Eltern und Betreuer ab, behinderte Menschen behutsam im Prozeß der Akzeptanz der eigenen Behinderung zu unterstützen. Ohne diese vorangehende Identitätsklärung wird es nur sehr schwer möglich sein, den nächsten Entwicklungsschritt zu bewältigen und die Lebensperspektive eines Erwachsenen u. U. ohne Elternschaft bejahen zu lernen und dann in eine Sterilisation aus eigenem Willen und eigener Einsicht in diese Lebensperspektive einzuwilligen.

Die Problematik der Einsichts- und Einwilligungsunfähigkeit

Satz 2(1) § 1905 setzt voraus, daß der Betreute „auf Dauer einwilligungsunfähig bleiben wird". Zugegeben: allgemeine Kriterien einer Fähigkeit zur „Einsicht" und zur „Einwilligung zur Sterilisation" gibt es nicht.

Auch die begutachtenden Ärzte und Psychologen können nur umschreibende Diagnosen abgeben und noch weniger Prognosen eines künftig zu erwartenden Zuwachses an „Einwilligungskompetenz" stellen und deshalb keineswegs dauerhafte Einwilligungsunfähigkeit bescheinigen. Leider wird es aber immer auch Psychiater geben, die sich für kompetent halten, schon im Kindesalter Dauerhaftigkeit attestieren zu können und deshalb zu einer Sterilisation z. B. mit 7 Jahren noch vor der sexuellen körperlichen Reife raten.

Einer Einwilligung zur Sterilisation hat in allen Fällen eine „ordnungsgemäße Aufklärung" vorauszugehen, so verlangt es die Standesethik der Mediziner. Praktisch heißt dies aber, daß es ausreicht, wenn der operierende Arzt erkennt, daß die Betroffenen den Verlust der Zeugungs- und Empfängnisfähigkeit begreifen. Heinen sah bei geistig behinderten Menschen als ausreichend an, wenn eingesehen wird, „daß der behinderte Mann nicht Vater und die behinderte Frau nicht Mutter werden können" (Thesen zu einer Regelung ... 1986, S. 6).

Bei jeder stellvertretenden Einwilligung durch den Betreuer – wie § 1905 es vorsieht – muß aber kritisch hinterfragt werden, ob überhaupt ausreichend pädagogische Bemühungen unternommen und Entscheidungsalternativen und deren Konsequenzen angemessen vorgestellt worden sind, bevor von „Einsichts- und Einwilligungsunfähigkeit" die Rede ist. Vielen geistig behinderten Menschen mangelt es an Alltagserfahrungen im selbständigen Entscheiden zwischen verschiedenen Wahlmöglichkeiten. Die fremdbestimmte Übernahme der meisten alltäglichen Ver- und Besorgungen aufgrund einer unterstellten Unfähigkeit zur „Selbstversorgung" führt in der Frage einer Sterilisation zur kognitiven Überforderung für geistig behinderte Menschen.

Leider wird die pädagogische Notwendigkeit einer zwingend erforderlichen sexualpädagogischen Vorbereitung nur punktuell gesehen und nach kurzem einmaligem „Aufklärungsversuch" als gescheitert und deshalb undurchführbar abgetan. Wo aber adäquate Sexualerziehung im Kindes- und Jugendalter unterbleibt, kann sicherlich prognostiziert werden, daß der Zusammenhang von Zeugung und Verhütung nicht erfaßt und die Einwilligung zur Sterilisation mangels Einsichtsfähigkeit ausbleiben wird. Auf diesem defizitären sexualpädagogischen Hintergrund ist jede stellvertretende Einwilligung zur Sterilisation in Frage zu stellen.

Für den Normalfall bei Nichtbehinderten halten Eser u. Koch (1982), „daß der zu Behandelnde um so eher als einwilligungsfähig angesehen werden kann, je älter er ist". Erwachsene sind in der Regel realistischer als Kinder und Jugendliche hinsichtlich künftiger Lebensplanung und möglicher Übernahme von Verantwortung. Aus dieser Sicht sind Sterilisationen von Minderjährigen generell abzulehnen, da sie in der Zeit der Pubertät und Adoleszenz weder einschätzen können, was es heißt, Kinder zu zeugen und zu erziehen, noch prognostisch absehbar ist, welche Entwicklungen der kognitiven und sozialen Kompetenz noch möglich sind. Dies gilt für geistig behinderte und nichtbehinderte Jugendliche gleichermaßen.

Alle gutachterlichen Äußerungen zur Dauerhaftigkeit der Einwilligungsunfähigkeit sind kritisch darauf abzuklopfen, inwiefern sie sonderpädagogische Erkenntnisse über die Lernfähigkeit und Bildbarkeit bei geistiger Behinderung berücksichtigten. Die bisher noch wenigen wissenschaftlichen Untersuchungen (Mitte der 70er Jahre im angelsächsischem Raum) zeigen aber übereinstimmend, daß die Fähigkeit zu lernen bei Menschen mit geistiger Behinderung auch im Erwachsenenalter noch zunimmt. Speck (1982) vermutet, daß bei geistig behinderten Erwachsenen die Aufnahmefähigkeit für erzieherische Bemühungen größer ist als in ihrer Kindheit, daß aber deutliche Verbesserungen nur durch systematische Erziehungsprogramme erreicht werden könnten (vgl. auch Holtz et al. 1986).

Diese Erkenntnisse sind von entscheidender Bedeutung für die Beurteilung einer „Einsichts- und Einwilligungsfähigkeit" bei der Sterilisation geistig behinderter Menschen. Denn dadurch wird die „defektologische" Etikettierung „auf Dauer einsichts- und einwilligungsunfähig" (evtl. ergänzt durch das weitere Etikett „unfähig, Kinder zu erziehen") relativiert. Eine „abschließende" Begutachtung kann nicht vor dem Alter von 25–30 Jahren in Betracht kommen – wenn überhaupt. In diesem Alter wird sich eher herausgestellt haben, ob tatsächlich genitalsexuelle Kontakte bestehen und wieweit Partnerschaften geistig behinderter Paare eine gemeinsame Lebensplanung absehen lassen. Partnerschaften erleichtern aufgrund der Eigenmotivation entsprechende sexualpädagogische Beratung als Hinführung zu einer eigenständigen Meinung und Entscheidung für oder gegen eigene Kinder.

Die Gefahr sexueller Verführung

Bleibt das Problem des sexuellen Mißbrauchs. Aus der Erfahrung ist bekannt, daß sexueller Mißbrauch geistig behinderter Mädchen durch völlig unbekannte Männer fast nie vorkommt. Andererseits wissen wir aus der Statistik des Bundeskriminalamtes, daß es meist innerfamiliäre oder dem sozialen Nahbereich zugehörige Täter sind, die Mädchen sexuell verführen. (Jungen fallen kaum ins Gewicht.) Ähnliches läßt sich bei geistig behinderten Mädchen folgern. Meist sind es Nachbarsbuben, Vettern, aber häufig auch Mitarbeiter aus Behinderteninstitutionen.

Unter Berücksichtigung dieser Erkenntnis ist es um so wichtiger zu begreifen, daß eine Sterilisation nur die Folge einer Schwangerschaft, nicht jedoch den sexuellen Mißbrauch selbst verhindern kann. Wenn die Verführungstäter aus dem sozialen Nahbereich kommen, dann wissen sie um die Sterilisation ihrer „Opfer". Eine bekanntgewordene Sterilisation hat in dem Fall eher einen gewissen Aufforderungscharakter im Sinne eines „Freibriefs" zum nun als folgenlos einzuschätzenden sexuellen Mißbrauch.

Sexualpädagogische Aufklärung ist der allerbeste Schutz und die einzige Möglichkeit, geistig behinderte Mädchen zu befähigen, sich im Notfall selbst zu schützen. Denn gerade „unaufgeklärte" und überbehütete Jugendliche sind besonders gefährdet, in entsprechende Situationen hineinzugeraten und gegen ihren Willen mißbraucht zu werden.

Falls dennoch einmal sexueller Mißbrauch oder eine Verführung mit möglichen Schwangerschaftsfolgen vorgekommen sind, aber eine Abtreibung im Rahmen der Indikationen des § 218 StGB aus ethischen Erwägungen abgelehnt wird, so kann die legale „Pille danach" als sog. postkonzeptionelle Schwangerschaftsverhütung angewendet werden.

Fazit

Ich komme zum Schluß auf die eingangs gestellte Frage zurück: Wem dient die Sterilisation?

Aus psychologischer Sicht muß allen Befürwortern der Sterilisation ohne Einwilligung betroffener geistig behinderter Menschen die kritische Rückfrage gestellt werden: Könnte nicht hinter dem Sterilisationbegehren der unbewußte Wunsch und die insgeheime Hoffnung verborgen sein, durch die Sterilisation alle realen und phantasierten Probleme mit der Sexualität des geistig behinderten Angehörigen für immer behoben, sie sozusagen mit der Durchtrennung der Eileiter oder Samenstränge symbolisch wegoperiert zu haben? Diesen Hoffnungen muß massiv widersprochen werden. Eine Sterilisation wird nie sexuelle Probleme lösen oder die pädagogische Verpflichtung zur Sexualerziehung ersetzen können.

Das genaue Gegenteil mag zutreffen: Eine aktive und in früher Kindheit begonnene Sexualerziehung kann durch Anwendung anderer Verhütungsmittel möglicherweise eine Sterilisation erübrigen oder zumindest die rechtlich erforderliche freie Einwilligung des Betroffenen erreichen. Leider haben aber die meisten geistig behinderten Menschen weder im Elternhaus noch in Schule oder Heim eine ihnen gemäße Sexualerziehung erhalten. Um so dringender stellt sich die Forderung, das Versäumte schrittweise nachzuholen.

Folgt man der bisherigen Argumentation, so ist eine Sterilisation ohne den erkennbaren Willen des betroffenen geistig behinderten Menschen allenfalls aufgrund einer strengen medizinischen Indikation mit der stellvertretenden Einwilligung des Betreuers vorstellbar. Diese Sterilisation kommt aber einem Heileingriff gleich. Und ein Heileingriff ist auch bisher schon mit stellvertretender Einwilligung gestattet. Andere Gründe können nicht überzeugen, wenn obendrein ein Gesetz für den singulären Einzelfall abgelehnt wird.

Fazit: § 1905 kann ersatzlos gestrichen werden. Oder ein anderes Fazit, das die chinesische Provinzregierung von Gansu gezogen hat und praktiziert: Es ist in seiner brutalen Radikalität letztlich ehrlicher als unsere kasuistische Spitzfindigkeit, geistig behinderten Menschen ein Zeugungsverbot zu verhängen.

Zeugungsverbot für Behinderte

PEKING, 25. November (Reuter). Die Regierung einer der ärmsten chinesischen Provinzen hat geistig Behinderten das Zeugen und Gebären von Kindern verboten. Laut Parteiorgan „Volkszeitung" vom Freitag sollen geistig behinderte Ehepaare in der Provinz Gansu im Nordwesten des Landes sterilisiert werden. Schwangere Frauen müssen ihr Kind in Zukunft abtreiben lassen. Gansu ist die erste Provinz, die eine solche Regelung eingeführt hat.

Als Begründung nannte die Zeitung der Kommunistischen Partei: „Geistig zurückgebliebene Menschen sind arbeitsunfähig. Ihr Leben hängt vollständig von der Fürsorge ab, womit sie der Gesellschaft eine große Last aufbürden."
(Frankfurter Rundschau, 26. 11. 1988)

Literatur

Engler H-J (1986) Medizinische Aspekte bei der Sexualität Geistigbehinderter. In: Walter J (Hrsg) Sexualität und geistige Behinderung, 2. erweiterte Aufl. Edition Schindele, Heidelberg
Erikson EH (1971) Identität und Lebenszyklus. Suhrkamp, Frankfurt am Main
Eser A, Koch HG (1982) Aktuelle Rechtsprobleme der Sterilisation. Gynäkologe 15:62–71
Holtz KL et al. (Hrsg) (1986) Handbuch zum Heidelberger Kompetenz-Inventar für geistig Behinderte, 2. Aufl. Edition Schindele, Heidelberg
Krebs H (1985) Partnerschaft, Sexualität und Kontrazeption bei geistig behinderten Menschen. Fortschr Med 8:26–31
Lempp R (1986) Pubertät und Adoleszenz beim geistigbehinderten Menschen. In: Walter J (Hrsg) Sexualität und geistige Behinderung, 2. erweiterte Aufl. Edition Schindele, Heidelberg
Mühl H (1984) Einführung in die Geistigbehindertenpädagogik. Kohlhammer, Stuttgart
Rett A (1987) Sexualität geistig Behinderter: Lust oder Frust? Sexualmedizin 8:320–324
Schieche von Eickstedt M (Hrsg) (1981) Ist Aufopferung eine Lösung? Mütter behinderter Kinder berichten. Frauenbuchvertrieb und SISSI Verlag, Berlin
Schröder S (1982) Partnerschaften zwischen den Geschlechtern in Wohneinrichtungen für erwachsene geistig Behinderte. In: Humanes Wohnen – seine Bedeutung für das Leben geistig behinderter Erwachsener. Bundesvereinigung Lebenshilfe, Marburg
Speck O (Hrsg) (1982) Erwachsenenbildung bei geistiger Behinderung. Reinhardt, München
Thesen zu einer Regelung der Sterilisation für geistig behinderte Menschen (1986) Diskussionspapier des „Arbeitskreises Behindertenarbeit in den evangelischen Kirchenkreisen Bonn und Bad Godesberg". Bonn

Diskussion 2

Müller-Erichsen:
Herr Walter, haben Sie Erfahrungen, daß Menschen durch Sterilisation früher altern? Ein Urologe hat mir das gesagt und damit begründet, daß die Männer sich deswegen nicht so gerne sterilisieren lassen.

Walter:
Über früheres Altern nach Sterilisation gibt es eine Fachdiskussion. Medizinisch ist das aber mit Sicherheit noch nicht erwiesen.

Wolf:
Die von mir geleitete Arbeitsgruppe des Bundesjustizministeriums hat ihr Ziel schon jetzt hervorragend erreicht, indem alle, die in der Behindertenarbeit tätig sind, gezwungen werden, über die Mißbräuche nachzudenken, die wir dort aufgedeckt haben. Es wird weitgehend so getan, als seien wir, die wir diese Mißbräuche aufdecken und in einem Katalog dramatisch einschränken wollen, diejenigen, die sie zu verantworten hätten, und als habe der Vorschlag der Arbeitsgruppe das Ziel, die Sexualität oder wenigstens die Elternschaft Behinderter zu verhindern. Ich will dies nur im Vorfeld für morgen schon einmal sagen, daß hier eine ganz eigenartige Verschiebung von Vorwürfen stattfindet. Ich meine, daß es viele Mißbräuche gab und immer noch gibt. Es ist Aufgabe von uns allen, aber auch Aufgabe des Gesetzgebers, Mißbräuche zu verhindern. Einleitend für morgen möchte ich anmerken: Ich glaube, daß die Forderung nach einer Nichtregelung, die aus der Furcht kommt, daß die Regelung die Möglichkeit der Sterilisation erleichtern könnte, das Tor öffnet, daß die bequemen Mißbräuche weiter möglich sein werden.

Wunder:
Ich will etwas ganz anderes einbringen, nämlich das Stichwort Aids, und Herrn Walter auffordern, dazu noch etwas zu sagen. In Hamburg haben wir panische Angst davor, daß das Gesundheitsamt eine Untersuchung aller Behinderten durchführt, die außerhalb der Anstalt Sexualverkehr haben. Schon denkt man über Quarantänemaßnahmen nach. Ich glaube, die Gefahr ist überhaupt noch nicht erkannt, daß bei der ersten Presseschlagzeile „Geistig behinderter HIV-Infizierter hat jemanden angesteckt" die sexuellen Freiheiten, die nun mühsam errungen worden sind, ganz schnell wieder eingeschränkt werden.

Hinter unserem Partnerschaftsbegriff stecken unausgegorene Dinge. Wenn ich den Gesundheitsschutz als oberste Prämisse in der Aids-Prophylaxe ernst nehme, dann habe ich überhaupt nicht das Recht, die Frage zu stellen, um welche Art von partnerschaftlicher oder sexueller Beziehung es sich handelt. Dann steht eben so etwas wie „Sextraining" im Vordergrund, und zwar unabhängig davon, was immer das für eine Sexualität sein mag. Das gilt dann auch für geistig behinderte Menschen, die nicht sagen, mit welchen Partnern oder Partnerinnen sie Verkehr haben, ob sie häufig wechselnden Geschlechtsverkehr haben, ob sie ins Prostitutionsmilieu gehen usw. Das stellt höchste Anforderungen an ein Diskussionsniveau, bei dem sich alle auf Partnerschaft als Leitbild geeinigt haben, das nun jedoch wieder in Frage gestellt wird.

Lempp:
Ich finde es gut, daß Sie die psychischen Auswirkungen der Sterilisation genannt haben. Wenn es um die Frage geht, ob und wie Verhütung zu betreiben ist, prüfen wir in Mariaberg in jedem einzelnen Fall, wo ein Risiko einzugehen ist und wo Nebenwirkungen in Kauf zu nehmen sind. Die „Dreimonatsspritze", ein Depotpräparat, ist in Ländern mit einer strengen Medikamentengesetzgebung nicht erlaubt, z. B. in den USA und in Skandinavien. Die Dreimonatsspritze wird weltweit nur verwendet bei behinderten Frauen (wir haben in Einzelfällen in Mariaberg auch keinen anderen Weg gewußt) und in der Dritten Welt, wo sich die Frauen nicht dagegen wehren können. Doch die Entscheidung ist eine sehr schwierige Frage.

Habiger:
Ich möchte auf die zitierte Begründung der chinesischen Regierung eingehen. Ich denke, daß sie gar nicht so abwegig ist. Ich höre das relativ häufig in der Normalbevölkerung: „Das sind ja später Sozialhilfeempfänger." Es ist eine gesellschaftliche Norm, daß solche Kinder nicht in die Welt gesetzt werden dürfen. Damit sind die Eltern und die Betreuer geistig Behinderter häufig konfrontiert und müssen in diesem Spannungsfeld, wie Herr Kiesow gesagt hat, diese Arbeit tun. Für mich ist die Frage: Wie wird das reflektiert, auch in der Mitarbeiterschaft, auch mit den Eltern? Hier scheint mir ein großes Defizit zu sein.

Walter:
Mit der Aids-Problematik ist ein Punkt angesprochen, der alles wahrscheinlich ganz massiv gefährdet. Ich fürchte, daß die anfänglichen Errungenschaften zusammenbrechen. Es gibt tatsächlich schon erste Einrichtungen, die alles wieder zurückschrauben wollen und das auch tun. Man muß sich einmal klarmachen, was jetzt plötzlich für Gefährdungssituationen bekannt werden: Viel mehr der Behinderten, als bisher Eltern und Betreuern bekannt war, gehen doch auf den Strich – z. B. in Frankfurt am Wochenende auf den Männerstrich, um dort mehr Geld zu verdienen als in der WfB in einem Vierteljahr. Ich weiß zunehmend von solchen Fällen. Oder einer, der keine Freundin hat, versucht es doch einmal mit 10 oder 20 DM Taschengeld bei einer Prostituierten. Aber irgendwo im Hinterhof einer Kneipe trifft er auf Beschaffungsprostitution von Drogenabhängigen, so daß der Kreis sehr schnell geistig Behinderte mitgefährdet. Darüber ist sehr viel und offen nachzudenken. Jetzt kommen unsere ethischen Begriffe von Partnerschaft ins Wanken. In unseren sexualpädagogischen Überlegungen kann es nicht um die heilige Ehe als höchstes Ideal gehen, sondern da geht es wirklich mutig und ohne Vorbehalte und

Tabus um Homosexualität und Prostitution und dergleichen; und da tun sich viele sehr schwer.

Zu Sterilisationsnebenwirkungen und „Dreimonatsspritze": Ich bin zu wenig Mediziner, um dies genau beurteilen zu können. In Deutschland ist es offensichtlich kein Problem, die Spritze weiter zu verschreiben. Es ist hilfreich, daß Sie darauf hingewiesen haben.

Gesetz über die Betreuung Volljähriger.
Zur aktuellen Entscheidungslage

A. Wolf

Ein routinierter Referent stellt erst sein Thema in Frage, dann sich selbst, dann hat er ein fertiges Manuskript, das er vorliest. Ich habe heute jedoch kein Manuskript mehr, weil ich meine Ausführungen auf die Debatte von gestern und damit stärker als ich beabsichtigt hatte auf die Sterilisationsfrage ausrichten muß. Die Tagung mit dem Thema „Partnerschaft und Sexualität bei Menschen mit geistiger Behinderung", in der ich den gesamten Betreuungsentwurf vorstellen sollte, ist ja in eine Tagung über die Sterilisation geistig Behinderter umfunktioniert worden. Im Mittelpunkt steht die Vorschrift des § 1905 BGB im Referentenentwurf des Betreuungsgesetzes. Ich kann also leider nicht aus Ihren Erfahrungen zur Sexualität Behinderter lernen, vielmehr muß ich mich auf die Diskussion zum Gesetzentwurf einlassen. Ich wollte eigentlich sehr detailliert davon berichten, wie das gesamte Gesetzgebungsverfahren aussieht – es ist extrem umfangreich. Der Gesetzestext im Referentenentwurf hat 85 Schreibmaschinenseiten. Die Regelung über die Befugnis eines anderen, anstelle eines Menschen über eine Sterilisation zu entscheiden, umfaßt eine halbe Schreibmaschinenseite. Das Thema, auf das sich diese Tagung nun konzentriert, betrifft damit im Grunde ein Hundertsechzigstel des gesamten Gesetzgebungsverfahrens; es ist allerdings von großer weltanschaulicher Bedeutung.

Mein erstes Gespräch gestern in diesem Hause hatte ich im Cafe Heuss mit einer Heimleiterin. In ihrem Heim hatte sich ein Paar gebildet. Das wurde als störend empfunden. Es wurde diskutiert, ob das geht. Ergebnis war: Mit Kindern geht das nicht; wenn das Paar ein Kind bekommen würde, dann müßte es das Heim verlassen. Die Frau wurde schwanger. Das Kind wurde abgetrieben, und die beiden Leute wohnen weiter in diesem Heim.

Kürzlich habe ich in Heidelberg meine 85jährige Mutter besucht. Auf dem Rückweg habe ich bei Neckargemünd eine junge Dame im Auto mitgenommen, es war eine Altenpflegerin. Ich fragte sie: Wie machen Sie es denn bei Ihnen, wann bringen Sie Ihre alten Leute mit Schlaftabletten zur Nachtruhe? Da sagte sie: Bei uns ist das in Ordnung. Wir machen das nicht schon um 18 Uhr, sondern erst um 20 Uhr.

Das sind nur zwei Erlebnisse, die aussagen, um welche Breite es in unserem Gesetzentwurf geht.

Ich wollte eigentlich darstellen, wie sich das Verhältnis der Diskussionsentwürfe zu dem Referentenentwurf, den wir jetzt neu veröffentlicht haben, darstellt, und Fragen beantworten: Wird die Bundesregierung den Reformschwung, der in der Arbeitsgruppe war, aufrechterhalten? Welche Macht haben die Verbände in diesem Zusammenhang? Welche Macht hat z. B. der Bund Deutscher Rechtspfleger in der Frage, was der Richter entscheidet und was der Rechtspfleger? Welchen Einfluß haben die Verbände der freien Wohlfahrtspflege, z. B. das Diakonische Werk, die Caritas? Welchen Einfluß haben auf unser Thema die Gewerkschaften, die Kirchen? Was sagen die Vertreter der Gerichtsorganisationen, der Landesjustizverwaltungen, die Rechtsanwälte, die Notare? Welchen Einfluß haben die Rechtsdogmatiker, die mit dem Verzicht auf die Entmündigung schon das Chaos im Rechtsverkehr anbrechen sehen? Was sagen die Heimbetreiber, also auch wieder Caritas, Diakonisches Werk, was sagen die privaten Träger? Für sie stehen ja neben der Menschlichkeit auch handfeste wirtschaftliche Interessen auf dem Spiel. Wie wird der alte Kampf zwischen Wohlfahrtsverwaltung und der Entscheidungsbefugnis der Gerichte aussehen? Wenn ich das jetzt alles ausführen würde, befürchte ich, daß ich Sie langweilen würde, weil ja gestern schon die Frage der Sterilisation stark in den Vordergrund getreten ist.

Eines einmal zur Einleitung: Das Bundesministerium der Justiz macht kein Sterilisationsgesetz. Wir denken gar nicht daran! Die geistig Behinderten und psychisch Kranken, mit denen sich der Entwurf eines Betreuungsgesetzes beschäftigt, sind überwiegend nicht junge Menschen, es sind in der Regel die alten Alten, und diese alten Alten nehmen ja zu. In der Bundesrepublik werden etwa 250000 Vormundschaften und Pflegschaften über Erwachsene geführt. Der Anwendungsbereich ist v. a. deshalb so groß, weil immer mehr Menschen geistige oder seelische Defizite haben und wir alle im Alter die Hilfe eines Betreuers nötig haben könnten. Die ersatzweise Einwilligung in die Sterilisation ist nur ein kleiner Ausschnitt, ordnet sich aber ganz in die Gedankenwelt des Entwurfs ein: Der Entwurf will den behinderten Menschen die Rechte, die sie eigentlich haben, auch wirklich sichern. Deswegen halte ich nichts davon, vom Recht Behinderter auf Sexualität zu sprechen. Das ist kein besonderes Recht Behinderter, sondern etwas, was zum Menschsein gehört. Wenn wir diese Sexualität einschränken wollen, dann brauchen wir eine grundsätzlich abgesicherte Berechtigung dazu. Wer davon redet, Behinderte hätten ein Recht auf Sexualität, tut schon, als sei das etwas Besonderes.

Zeitplanung

Mit einiger Irritation wird von den Verbänden und der Öffentlichkeit verfolgt, daß die Vorhersagen über den zeitlichen Ablauf des Gesetzgebungsverfahrens eingehalten worden sind. Der erste Diskussionsteilentwurf wurde im November 1987 gedruckt. Wir haben damals angekündigt, daß ein zweiter Diskussionsteilentwurf über die Organisation der Betreuung, insbesondere auch über die Finanzierung der Betreuung, im Mai 1988 vorliegen wird. Herr Bundesminister Engelhard hat ihn dann auch veröffentlicht. Diese Entwürfe wurden zur Diskussion gestellt. Wir hatten Anfang September eine 2tägige Anhörung von etwa 80 Verbänden. Die meisten Verbände haben auch schriftlich Stellung genommen. Es war eine eindrucksvolle Veranstaltung auch deshalb, weil die verschiedensten Interessen gegeneinandergestellt waren. Wir haben dann vom 5.–7. September die Länder angehört, denn die ganze finanzielle und organisatorische Last unseres Gesetzes trifft nicht den Bund, sondern die Länder, primär die Landesjustizverwaltungen, also die Justizhaushalte. In einem Referentenentwurf wurde das ganze Gesetz zusammengestellt. Darin sind u. a. Übergangsvorschriften enthalten und die Änderungen von mehr als 40

Gesetzen, in denen der Wegfall der Entmündigung eine Rolle spielt. Über die JURIS-Datenbank haben wir gesucht, wo Entmündigung, Pflegschaft und Vormundschaft überall eine Rolle spielen. Wir haben etwa 1000 Gesetzestextstellen gefunden, die berührt sind, wenn der Gesetzgeber die Entmündigung abschafft. Dies zum Umfang des Gesetzgebungsverfahrens.

Wenn der Entwurf in dieser Legislaturperiode verabschiedet werden soll, zeichnet sich folgender Zeitplan ab: Das Bundeskabinett soll am 1. oder 15. Februar 1989 über den Entwurf entscheiden. Dies ist erforderlich, wenn wir noch in dieser Legislaturperiode durchkommen wollen. Dann folgt der erste Durchgang im Bundesrat. Die erste Lesung im Deutschen Bundestag soll in der 2. Juniwoche sein, vor der Sommerpause, damit die Ausschüsse des Bundestages ein ganzes Jahr Zeit haben, um sich mit diesem Gesetzentwurf zu beschäftigen. Die Beratungen könnten dann in den Ausschüssen nach der Sommerpause 1990 stattfinden. Ist der zweite Durchgang im Bundesrat im Herbst 1990, ist mit dem Inkrafttreten des Gesetzes etwa 1992 zu rechnen. Ein Jahr bis $1^1/_2$ Jahre muß man Zeit geben, um eine so umfassende Umstrukturierung in Vereinen, in Verbänden, in Behörden zu erreichen. Wenn normalerweise dem Gesetzgeber Schwerfälligkeit, Langsamkeit, wenig Sensibilität für notwendige Veränderungen vorgeworfen werden, löst unser Zeitplan Ängste aus. Manche klagen darüber, daß sie für die Erarbeitung ihrer Stellungnahmen zu wenig Zeit haben. Vielfach steht offenbar auch die Sorge im Vordergrund, wie es sein wird, mit einem so grundsätzlich neuen Modell zu arbeiten. Es wird dann auch verlangt, daß man schwierige Fragen am besten ausklammern soll, weil die Zeit dafür nicht reif ist. Gedacht ist natürlich insbesondere an die Sterilisationsregelung.

Kritiker fragen, ob es nicht genügt hätte, die Pflegschaft des § 1910 auszubauen und den Rechtsschutz zu verbessern. Sie fragen, ob es wirklich notwendig sei, die personenbezogenen Entscheidungen in den Vordergrund des Gesetzes zu stellen, z. B. die Heilbehandlung mit schwierigen rechtlichen Abgrenzungsproblemen und der Belastung der Gerichte. Auch einen Teilaspekt der Sterilisation könne man doch eigentlich nach dem Mißbrauch im Dritten Reich nicht aufgreifen. Man muß jedoch sehen, daß der Entwurf auch die zivilrechtliche Unterbringung regelt. Der Entwurf greift alle Fragen auf, in denen die Menschen zentral getroffen sind. Zentral wird der Mensch getroffen bei der Entscheidung, wo er lebt, wie er lebt, mit wem er lebt, wer über ihn bestimmt. Darin liegen die wichtigsten Entscheidungen des Gesetzentwurfs. Deswegen kommen wir nicht daran vorbei, uns auch mit der Sexualität und der Entscheidung über die Empfängnisverhütung bei geistig Behinderten zu befassen.

Eine Glosse in der *Süddeutschen Zeitung* und manche Stimmen in der Literatur sagen aber auch das Gegenteil. Der Gesetzentwurf gehe nicht weit genug. Er lasse entscheidende Probleme offen. Zum Beispiel kläre er nicht die Grenze der Geschäftsunfähigkeit, packe nicht die Probleme an, die sich aus den Nichtigkeitsfolgen der Geschäftsunfähigkeit in § 105 BGB ergeben; sie verlangen eine grundsätzliche Neuerung im Recht der Geschäftsunfähigkeit. Wieder andere wollen eine klare Definition dessen, was natürliche Handlungsfähigkeit ist. Insbesondere bei der Heilbehandlung und bei der Sterilisation wird ja nicht auf die Geschäftsfähigkeit, sondern auf einen anderen Begriff abgestellt, der nur im Strafrecht, nur für Jugendliche und nur im Bereich der medizinischen Versorgung entwickelt worden ist.

Hinter diesen Vorwürfen, der Entwurf sei entweder zu weit oder zu eng, steckt natürlich auch der Gedanke: Vielleicht sollte der ganze Entwurf doch lieber nicht Gesetz werden, denn wir wissen ja gar nicht, wie es dann aussehen wird; mit der jetzigen Lage haben wir uns arrangiert, die Finanzierungen sind einigermaßen gesichert, die Routine ist da, vielleicht sollten wir es doch lieber dabei belassen.

Es kommt ein weiterer Widerstand, ein Widerstand von den Pessimisten. Sie wollten schon vorhersehen, daß es nicht gelingen wird, die erforderliche Zahl von Richtern für diese Arbeit zur Verfügung zu stellen, das notwendige Geld für die Betreuer aufzubringen, genügend Privatpersonen zu finden, die bereit sind, diese schwieriger werdende, anspruchsvollere Arbeit im personenbezogenen Bereich wirklich zu machen. Wenn schon kein Geld zur Verfügung steht, um das weniger Anspruchsvolle des geltenden Rechts zu realisieren – wir haben ja Vormünder und Pfleger mit bis zu 300 Fällen, wir haben Vormundschaftsgerichte mit einer viel zu großen Zahl von Fällen –, wenn dies schon alles nicht gelingt, kann doch ein neues Gesetz gar nicht vollzogen werden. Das Ganze würde ein schöner Schein, und in Wirklichkeit werde sich nichts ändern.

Entscheidungslage

In meiner langjährigen Tätigkeit im Ministerium habe ich es noch kaum erlebt, daß ein Gesetz dieser Größenordnung eine so gute Aufnahme gefunden hat. Die Reaktion in der Öffentlichkeit ist ungewöhnlich freundlich, im Fernsehen, im Rundfunk, in der Presse. Nahezu alle Verbände stimmen in den Grundsätzen dem Entwurf zu. Die juristische Literatur greift die Problematik auf. Bei aller Kritik im einzelnen ist eine breite Übereinstimmung festzustellen.

Die Verabschiedung eines Gesetzes über die Betreuung Volljähriger ist eher wahrscheinlich. Ich bin ganz optimistisch. Nicht gesichert ist jedoch der reformatorische Gehalt des Gesetzes.

Ein Kernpunkt des Gesetzes ist die Einheitsentscheidung. Da eine Entrechtung nicht mehr ausgesprochen wird, wie sie in der Entmündigung alten Rechts liegt, ist für eine Entscheidung des Gerichts über die Anordnung der Betreuung kein Raum. Sie kann gar keinen Inhalt haben, weil die Entscheidung nicht darin liegt, eine Rechtsunfähigkeit auszusprechen, sondern vielmehr darin, eine Unterstützungsmaßnahme einzuleiten, die mit einer Person, nämlich dem Betreuer, verbunden ist. Die zentrale Entscheidung ist in Zukunft die Bestimmung des Aufgabenkreises und die Suche nach einer geeigneten Betreuungsperson.

Es ist auch keineswegs gesichert, daß keine Entscheidung mit Entmündigungseffekt stattfindet. Insbesondere der Einwilligungsvorbehalt des § 1903 wird schon jetzt in manchen Äußerungen zu einem Entmündigungsbeschluß umfunktioniert. Es wird schon argumentiert, dieser Einwilligungsvorbehalt müsse gerade bei den schweren Fällen ausgesprochen werden. Genau umgekehrt ist es.

Ein großes Einfallstor in alte, reformbedürftige Verhaltensweisen ist auch der Kompromiß zur Vereinsbetreuung und zur Amtsbetreuung.

Gefährdet sind alle personenbezogenen besonderen Entscheidungen. Zu nennen ist erstens die Genehmigungsbedürftigkeit schwieriger ärztlicher Eingriffe nach § 1904. Hier sehen Kritiker schon neben jedem Krankenbett den Richter stehen.

Noch ungeklärt ist zweitens die Frage, ob und wie eine Sterilisationsregelung im Gesetz enthalten sein wird.

Ein harter Kampf findet drittens gegen die Regelung unterbringungsähnlicher Maßnahmen in § 1906 Abs. 4 statt. Es wird weniger argumentiert, daß bei dem Anbinden, dem Fixieren, bei der Ruhigstellung durch Medikamente keine Freiheitsbeschränkung stattfindet. Die Argumentation richtet sich gegen die Schwierigkeit, pflegerische Maßnahmen von freiheitsentziehenden Maßnahmen abzugrenzen. Sie richtet sich gegen Kontrollen im familiären Bereich; sie wird insbesondere von der Frage gespeist, wieviele solcher unterbringungsähnlicher Maßnahmen in Zukunft von den Gerichten geprüft werden müßten. Im Kern ist hier eine erhebliche Furcht der Landesjustizverwaltungen vor einer Überlastung der Gerichte zu spüren.

Im Verfahrensrecht sind eine Fülle von Fragen noch offen, insbesondere der Verfahrenspfleger ist ein Stein des Anstoßes. Dabei ist es wohl so, daß rechtliches Gehör für möglicherweise geistig Behinderte vielfach nur gesichert werden kann, wenn ihnen ein Verfahrenspfleger zur Seite steht.

Wir stehen in diesem Gesetzgebungsverfahren aber auch vor einer speziellen Schwierigkeit. Was weiß ich, was wissen Sie, was weiß die Wissenschaft von der Gedankenwelt eines geistig behinderten jungen Menschen, von seinem Leiden und seinem Glück, von seiner Sexualität? Was weiß ich, was wissen Sie, was weiß die Wissenschaft vom Bewußtsein geistig abgebauter alter Menschen, von ihrer Einsamkeit, von ihrer Kontaktschwäche oder von ihrer mangelnden Distanz, von ihrem Vertrauen oder Mißtrauen, von ihrem Leiden? Wie lebt es sich im Angesicht eines vielleicht bald erhofften oder entsetzlich gefürchteten Todes, wenn an einem Tag nur noch Stunden oder Minuten gedanklicher Klarheit zur Verfügung stehen?

Sind wir doch wieder in Gefahr, ein Gesetz für angeblich geistig Gesunde zu machen, unsere Bedürfnisse und Komplexe, unsere Vorstellung von Ordnung und Verzicht zum Maßstab zu machen? Wer den ganzen Erfolg und Stolz seines Lebens in der Vererbung von Vermögen sieht, wird dem „Mätressentestament" eines alten Alten die Wirksamkeit versagen wollen, wer in der Ehe einen Vertrag sieht, wird sie geistig Behinderten nicht zugänglich machen wollen, und wer politische Wahlen vordergründig nur als Akt freier Entscheidung freier und geistig gesunder Bürger sieht, wird von einer irgendwie definierten Norm Abweichende von diesen Wahlen ausschließen wollen.

Wer in strenger „christlicher" Ordnung Sexualität nur als Mittel zur Erzeugung von (gesunden) Kindern ansieht, wer die Sexualität nur der Ehe zuordnet, wird sie geistig Behinderten, über die er als Anstaltsträger, als Vater oder Mutter Macht ausübt, nur sehr ungern gewähren. Wer Sterilisation als Verstümmelung sieht, wird sie wenigstens noch bei geistig Behinderten, die seinem Einfluß ausgeliefert sind, nicht zulassen wollen. Wer Sexualität und Sterilisation aber angeblich frei handhaben will, wird dafür sorgen wollen, daß alle geistig Behinderten Sexualität haben und, weil es schön bequem ist, auch gleich sterilisiert sind.

Wir müssen uns schon auch fragen, ob wir mit unserem Thema „Sexualität und Sterilisation bei geistig Behinderten" nicht der inzwischen weltweit beklagten oder auch belächelten deutschen Verbundenheit mit alter Ideologie unterliegen: der abgeblichen deutschen Hysterie bei der Nutzung der Atomenergie, der angeblichen deutschen hysterischen Angst vor der Gentechnologie, der speziellen deutschen

Angst vor der Fortpflanzungsmedizin, vielleicht auch der besonderen deutschen Angst vor der Selbständigkeit und Normalität geistig Behinderter?

Michael Wunder von den Alsterdorfer Anstalten wird anschließend den Schatten der Geschichte beschwören. Wir werden auch bei dieser Tagung eine Reihe falscher Aussagen insbesondere zum Inhalt einer Sterilisationsregelung hören. Ich hoffe, diese Tagung kann dazu beitragen, diese Mißverständnisse aufzuklären. Allerdings wird gedankliche Klarheit nicht immer zur besseren Einsicht führen. Denn wir müssen bei einem so brisanten Thema immer das Verhältnis von Meinung und Persönlichkeit, von Meinung und Alter, Meinung und persönlichem Erlebnis sehen. Deshalb sehe ich mit großer Bewunderung die Arbeit vieler Verbände, die in sich selbst so verschiedene Strömungen verarbeiten müssen. Hier nenne ich v. a. die Lebenshilfe für geistig Behinderte.

Grundentscheidungen des Entwurfs

Das geltende Vormundschafts- und Pflegschaftsrecht vernachlässigt das personale Element. Verwaltung und Erhaltung des Vermögens stehen im Vordergrund. Die Sorge um den Menschen selber steht im Schatten. Ein Vormund muß z. B. die Genehmigung des Gegenvormunds bzw. des Vormundschaftsgerichts einholen, wenn er von einem Sparbuch mit einem Guthaben von mehr als 300 DM einen Betrag abheben will oder wenn er einen Vergleich über einen Betrag von mehr als 300 DM abschließen will. Man fahndet im Gesetz aber nahezu vergebens nach materiellen Vorgaben und verfahrensrechtlichen Schutzvorschriften für Entscheidungen im personalen Bereich, insbesondere bei der Heilbehandlung, der Sterilisation, der zivilrechtlichen Unterbringung und bei der Wohnungsauflösung.

Der Entwurf enthält das durchgehende Prinzip, die verbliebenen Fähigkeiten des psychisch Kranken, des geistig oder seelisch Behinderten zu stärken, seinen erkennbaren Willen zu achten und zu beachten. Staatliche Eingriffe in das Leben dieser Personen sind immer nur zulässig, wenn dies erforderlich ist, so bei der Bestellung des Betreuers, bei der Bestimmung oder Erweiterung des Aufgabenkreises, der Anordnung eines Einwilligungsvorbehalts, der Genehmigung der Unterbringung des Betreuten und der vorsorglichen Bestellung eines Betreuers während der Minderjährigkeit des Betroffenen. Auch für andere Fragen ist der Erforderlichkeitsgrundsatz zu beachten, so bei der Frage, ob der Willensvorrang des Betreuten zu seinem Wohl durchbrochen werden darf, bei der Heilbehandlung, der Sterilisation und der Wohnungsauflösung.

Stärkere Beachtung sollen auch die Wünsche des Betroffenen finden. Die Wünsche des Geschäftsunfähigen und sein Wohl stehen nicht notwendig im Gegensatz. Selbst dann, wenn Entscheidungen nicht auf rationalen Erwägungen beruhen, kann ihr Ergebnis dennoch sinnvoll sein. Ein Grund, ihnen die Anerkennung zu versagen, besteht dann nicht. Zum Wohl des Betreuten gehört auch die Möglichkeit, im Rahmen seiner Fähigkeiten sein Leben nach seinen eigenen Wünschen und Vorstellungen zu gestalten.

Ein Ziel ist die Stärkung der persönlichen Betreuung. Persönliche Betreuung darf hier nicht mit Ausübung der Personensorge gleichgesetzt werden. Sie ist vielmehr eine Art und Weise der Betreuung, die in allen Aufgabenkreisen, auch bei der Vermögenssorge, anzustreben ist. Persönliche Betreuung ist der Gegensatz zu einer anonymen Verwaltung von Vormundschafts- und Pflegschaftsfällen, ihr Hauptmerkmal ist der persönliche Kontakt, insbesondere das persönliche Gespräch.

Damit ist die Trennung von Vermögensentscheidungen, die nach „objektiven" Kriterien geschäftsmäßig und am Schreibtisch von einem anonymen Amt oder einem Verband getroffen werden, und der persönlichen Sorge, die nachbarlicher Mildtätigkeit, der selbstverantworteten karitativen Aufgabe unserer Verbände der Wohlfahrtspflege oder vielleicht nur der Aufmerksamkeit von Ärzten und Pflegepersonal überlassen bleibt, aufgehoben. Auch bei Vermögensentscheidungen soll der psychisch Kranke oder geistig oder seelisch Behinderte mitwirken, gefragt werden, soll seine individuelle Lebenssituation beachtet werden. Personale Entscheidungen sollen demgegenüber nicht nur als ausschließlich pflegerisches Handeln gewertet werden. Die § 1904 – 1908 BGB-E enthalten deshalb Sonderregelungen für die Untersuchung des Gesundheitszustands, für die Heilbehandlung und den ärztlichen Eingriff (§ 1904 BGB-E), für die Sterilisation (§ 1905 BGB-E), für die Unterbringung und unterbringungsähnliche Maßnahmen (§ 1906 BGB-E) und für solche Angelegenheiten der Vermögenssorge, die sich besonders schwerwiegend auf die persönlichen Lebensverhältnisse des Betreuten auswirken, nämlich die Kündigung eines Mietverhältnisses über Wohnraum (§ 1907 BGB-E) und die Vermietung von Wohnraum (§ 1908 BGB-E).

Personenbezogene Einzelentscheidungen

Im geltenden bürgerlichen Recht fehlt eine Regelung über die Heilbehandlung. Der Entwurf will klären, in welchen Fällen ein Betreuer über die Heilbehandlung entscheiden kann, welche materiellen Kriterien er dafür hat. Er will v. a. klarstellen, daß es keine ärztliche Entscheidung ist, ob eine Heilbehandlung durchgeführt wird.

Da das Wohl des Betreuten (§ 1901 I BGB-E) und seine Wünsche (§ 1901 II BGB-E) ohnehin zu beachten sind, könnte man argumentieren, Sondervorschriften im Bereich der Heilbehandlung seien überflüssig. Zu bedenken ist aber, daß der Begriff der Heilbehandlung auch schwerstwiegende Eingriffe umfaßt, etwa eine Amputation oder eine lebensgefährliche Risikooperation. Auch über die Zwangsbehandlung von Betreuten ist aufgrund einer Einwilligung des Betreuers zu entscheiden. Es kommt also nicht nur der Eingriff in die körperliche Integrität, sondern auch in die Freiheit in Betracht.

Das Spektrum möglicher Heilbehandlungen ist sehr breit. Es reicht von der lebensgefährlichen Operation bis zur Verabreichung einer Halstablette. Es ist offensichtlich, daß das Ausmaß des Rechtsschutzes von der Schwere des Eingriffs abhängen muß. Über leichtere Eingriffe hat der Betreuer selbst und allein im Zusammenwirken mit dem Betroffenen zu entscheiden. Nach § 1904 II 1 BGB-E bedarf die Einwilligung des Betreuers in eine Heilbehandlung jedoch der Genehmigung des Vormundschaftsgerichts, wenn die Maßnahme mit der Gefahr verbunden ist, daß der Betreute stirbt oder einen schweren und längerdauernden gesundheitlichen Schaden erleidet.

Empfängnisverhütung und die Aufgabe eines Vormunds oder Pflegers dabei konnten in einem Gesetz aus dem 19. Jahrhundert kein Thema sein. Heute kann man sich dieser Problematik nicht verschließen.

Wenn das Ziel ernstgenommen wird, dem Betreuten zu ermöglichen, „im Rahmen seiner Fähigkeiten sein Leben nach eigenen Wünschen und Vorstellungen zu gestalten" (§ 1901 I 2 BGB-E), müssen vom Betreuer auch Entscheidungen im Bereich von Intimität und Sexualität getroffen werden. Sexualität Behinderter ist kein Tabu mehr; sie durch Einsperren zu verhindern, dürfte kaum mehr jemand verlangen. Für die Medizin gehört die Gelegenheit oder jedenfalls nicht das Verbot von Sexualität zum Alltag. Aus dem Willensvorrang des Betreuten folgt, daß auch hier Rechtseingriffe auf das Erforderliche begrenzt sein müssen. Schon deshalb müssen Sexualität und Elternschaft möglich sein. Wo Elternschaft nicht verantwortet werden kann, müssen alle Möglichkeiten der Empfängnisverhütung ausgeschöpft werden, die nicht mit schweren Eingriffen verbunden sind. In den meisten Fällen wird damit die Problematik gelöst sein.

Bei jüngeren Menschen mit geistigen und seelischen Behinderungen kann sich aber in besonderen Fallgestaltungen die Sexualität in einem Teufelskreis bewegen.

- Elternschaft kann bei behinderten Eltern mit dem Trauma des Verlusts des Kindes verbunden sein.
- Als Alternative käme die straflose Unterbrechung der Schwangerschaft gemäß § 218a StGB in Betracht. Schon die einmalige Abtreibung wird eine behinderte Frau treffen, eine besondere Belastung wird aber die wiederholte Abtreibung bei einer behinderten Frau sein.
- Gerade deshalb wird dann, wenn Empfängnisverhütung ohne mechanische oder hormonelle Mittel (Pille oder Dreimonatsspritze) nicht in Betracht kommt, bei behinderten Menschen die oft nicht mehr rückgängig zu machende Sterilisation als Möglichkeit diskutiert.
- Letztlich gibt es die Methode, Schwangerschaften durch Trennung der Geschlechter, also durch Einsperren zu verhindern.

Ein Vormund oder Pfleger nach geltendem Recht oder noch mehr ein Betreuer nach dem Entwurf darf die Entscheidung zu diesen Fragen nicht verweigern. Er gerät, wenn er sich um die Person des Betroffenen kümmert, in diesen Fällen in die Lage, eine der 4 Möglichkeiten wählen zu müssen.

Gerade in Deutschland hat sich gezeigt, in welchem Maße Rechtsvorschriften mißbraucht werden können. Die Erfahrungen mit den Zwangssterilisationen in der Zeit des Nationalsozialismus mahnen zu besonderer Vorsicht. Die Überlegungen dürfen aber auch nicht auf die Mißbrauchbarkeit einer etwaigen gesetzlichen Regelung verengt werden. Vielmehr ist auch zu fragen, welche Mißbrauchsmöglichkeiten gerade das Fehlen einer gesetzlichen Regelung eröffnet, insbesondere dann, wenn die Rechtslage unklar ist und damit Freiräume für die Praxis schafft, die ohne besondere gesetzliche Bindungen und ohne gerichtliche Überwachung ausgefüllt werden können.

Vermag eine Person Art, Bedeutung und Tragweite des mit der Sterilisation verbundenen Eingriffs nicht zu erfassen oder ihren Willen nicht hiernach zu bestimmen, stellt sich die Frage, ob anstelle der nicht einwilligungsfähigen Person der gesetzliche Vertreter einwilligen kann und ob die Einwilligung der Genehmigung des

Vormundschaftsgerichts bedarf. Rechtsprechung ebenso wie die Literatur zu der Frage sind uneinheitlich. Bei dieser unklaren Rechtslage werden seit vielen Jahren insbesondere geistig behinderte Frauen in der Bundesrepublik Deutschland sterilisiert, die Zahl der Eingriffe wird auf etwa 1000 jährlich geschätzt. Die Sterilisationsdebatte wird schon seit längerem geführt. Auch die Rechtsprechung hat an den Gesetzgeber appelliert, ausdrückliche Regelungen zu treffen.

Wenn eine Person aber die Bedeutung der Tragweite der Sterilisation nicht zu erfassen vermag, wenn also die Grenze der natürlichen Handlungsfähigkeit unterschritten wird, dann muß die Entscheidung für sie getroffen werden. Die Frage ist natürlich: Ist es überhaupt möglich, eine Entscheidung über die Sterilisation für einen anderen zu treffen? In der *Zeitschrift für Rechtspolitik* haben wir einen Kampf ausgefochten: Hans Reis hat einen Aufsatz zu dieser Frage geschrieben, ich ebenfalls. Ich sage ja, er sagt nein.

Wir müssen auch sehen, daß in der Bundesrepublik Deutschland jährlich von den Krankenkassen etwa 50 000 Sterilisationen abgerechnet werden, etwa 27 000 Sterilisationen bei Frauen und erstaunlicherweise etwa 23 000 bei Männern. Sterilisation ist also ein Mittel von Empfängnisverhütung in unserer Gesellschaft, und wir müssen fragen: Darf eine solche Entscheidung für einen behinderten Menschen nicht getroffen werden? Aber das Gesetz über die Betreuung Volljähriger entscheidet nicht über die Sterilisation im Prinzip, sondern darüber, in welchen Fällen ein anderer darüber entscheiden darf. Solange der Mensch selbst entscheiden kann, also auch der behinderte Mensch eine freie Entscheidung treffen kann, kümmert sich das Gesetz nicht darum. Wir wollen daran nichts ändern, obwohl das auch verlangt wird. Dann kommen wir zu einer langen Reihe von Verboten, weil wir sagen: Das, was jetzt geschieht, ist so mit unserem Rechtsstaat nicht vereinbar, insbesondere die Sterilisation von Kindern.

In einem Betreuungsgesetz ist nicht allgemein über die Zulässigkeit der Sterilisation, sondern nur darüber zu entscheiden, in welchen Fällen ein Dritter, nämlich der Betreuer, einwilligen darf. Dabei ergeben sich aus der Ausrichtung des Entwurfs im Verhältnis zur gegenwärtigen Praxis bedeutende Einschränkungen.

- Es steht dem Staat nicht zu, zwischen vermeintlich wertvollerem und weniger wertvollem Leben zu unterscheiden und die Geburt bestimmter Kinder oder die Geburt von Kindern bestimmter Menschen im angeblichen Interesse der Allgemeinheit zu verhindern. Eine Sterilisation Nichteinwilligungsfähiger im Interesse der Allgemeinheit wäre nicht Hilfe für die Betroffenen, sondern würde sie zum Objekt des Staates machen. Dies ist abzulehnen.
- Oft sehen sich Verwandte, insbesondere die Eltern, in der Pflicht, die Sorge für das Kind einer behinderten Mutter zu übernehmen. Auf Eltern, die ihr behindertes Kind großgezogen haben, kommen mit der zweiten Generation kaum zu tragende Lasten zu. Dennoch muß das Interesse Verwandter bei der Entscheidung über die Empfängnisfähigkeit außer Betracht bleiben. Das Betreuungsrecht hat nur das Wohl des Betroffenen im Auge. Die Schwere des Eingriffs schließt es aus, ihn im Interesse Dritter vorzunehmen.
- Die Möglichkeit, daß Kinder Behinderter im Einzelfall behindert zur Welt kommen könnten, rechtfertigt den Eingriff ebenfalls nicht. Das „Wohl" eines noch ungezeugten Kindes, nicht behindert leben zu müssen, gibt es nicht.

- Obwohl sich der Entwurf mit der Betreuung Erwachsener befaßt, schlägt die Arbeitsgruppe vor, die Sterilisation Minderjähriger, die in der Praxis häufig ist, zu verbieten. In so jugendlichem Alter wird es schwer sein, festzustellen, ob die Sterilisation erforderlich ist. Insbesondere können die Auswirkungen eines solchen Eingriffs bei einem minderjährigen, noch unausgereiften Menschen in der Regel nicht beurteilt werden. Die Arbeitsgruppe sieht insbesondere die Gefahr, daß die Sterilisation dann „vorsorglich" schon während der Minderjährigkeit durchgeführt wird, wenn das Gesetz die Sterilisation Volljähriger, die nicht einwilligungsfähig sind, nur in engen Ausnahmefällen zuläßt.
- Während eine Zwangsbehandlung zur Erhaltung des Lebens oder der Gesundheit möglich ist, scheidet nach dem Entwurf die Sterilisation aufgrund einer Einwilligung des Betreuers auch dann aus, wenn der Betreute ihr durch Gestik, Gefühlsäußerungen, Gegenwehr oder ähnliches Verhalten widerspricht. Mit der Anwendung von Zwang erhielte die Sterilisation eine völlig neue Dimension.

Aus dem Erforderlichkeitsgrundsatz folgen weitere Beschränkungen für den Eingriff in die Fortpflanzungsfähigkeit. Der Eingriff soll Notlagen vermeiden, die durch eine Schwangerschaft entstehen können. Eine solche Gefahr muß konkret und ernstlich sein, die bloße Möglichkeit einer Schwangerschaft reicht nicht aus.

Im Ergebnis schränkt der Entwurf die Möglichkeit, zur Schwangerschaftsverhütung bei psychisch Kranken oder geistig oder seelisch Behinderten eine Sterilisation vorzusehen, im Verhältnis zur gegenwärtigen Praxis außerordentlich ein.

Der Gesetzgeber muß entscheiden

Ich komme zur Gesamtregelung zurück, zum ganzen Gesetzentwurf. Siegfried Lenz beginnt seinen Roman *Der Verlust* mit dem Satz: „Es traf ihn unvorbereitet." Es ist die Geschichte eines Schlaganfalls. Wir alle sind täglich in Gefahr, von einem Schlaganfall oder einem Unglück überrascht zu werden, betreuungsbedürftig zu werden. Wir müssen darüber nachdenken, ob wir die Art und Weise, wie heute geistig behinderte Menschen manchmal behandelt werden, für uns selber akzeptieren wollen. Auch die Alterssenilität trifft viele Menschen unvorbereitet, obwohl man sie natürlich voraussagen kann. Wir alle können sie für uns voraussagen. Ich glaube, in einer Akademie darf man sich auch einmal die Freude gönnen, ein Märchen vorzulesen, das Grimmsche Märchen „Der alte Großvater und der Enkel".

> Es war einmal ein steinalter Mann, dem waren die Augen trüb geworden, die Ohren taub, und die Knie zitterten ihm. Wenn er nun bei Tische saß und den Löffel kaum halten konnte, schüttete er oft Suppe auf das Tischtuch. Sein Sohn und dessen Frau mochten das nicht leiden, und deswegen mußte sich der alte Großvater zuletzt hinter den Ofen in die Ecke setzen. Sie gaben ihm sein Essen in ein irdenes Schüsselchen, und noch dazu nicht einmal genug.
> Da sah er betrübt nach dem Tische, und die Augen wurden ihm naß. Einmal konnten auch seine zitternden Hände das Schüsselchen nicht mehr halten; es fiel zur Erde und zerbrach. Die junge Frau schalt; er aber sagte nichts und seufzte nur. Da kauften sie ihm ein hölzernes Schüsselchen für ein paar Pfennige, daraus mußte er nun essen.

Wie sie so dasitzen, so trägt der kleine Enkel von vier Jahren allerlei kleine Brettlein zusammen. „Was machst du da", fragte der Vater. „Ich mache ein Tröglein", antwortete das Kind, „daraus sollen Vater und Mutter essen, wenn ich groß bin." Da sahen sich Mann und Frau eine Weile an, fingen endlich an zu weinen, holten sofort den alten Großvater an den Tisch und ließen ihn von nun an immer mitessen, sagten auch nichts, wenn er ein wenig verschüttete.

Wir sollten uns nicht so unseren eigenen Alten gegenüber verhalten, wie wir selbst nicht behandelt werden wollen.

Vor allem trifft es Eltern unvorbereitet, wenn ihnen ein geistig behindertes Kind geboren wird oder wenn ein Kind durch einen Unfall oder eine Krankheit geistig behindert wird. Es ist sicher sehr schwer, dieses Schicksal zu bewältigen. Wir sollten aber darauf verzichten, und ich meine, auch der Gesetzgeber sollte darauf verzichten, Kantsche Imperative, angeblich moralisch hohe Forderungen an diese Menschen zu legen. Wir sollten ihnen mit menschlichem Verständnis begegnen. Dazu gehört auch menschliches Verständnis bei der Frage, wie die Eltern und wie wir alle mit der Sexualität behinderter Kinder umgehen. Ich halte nichts von kompromißloser Moralität, insbesondere dann nicht, wenn diese Moral nicht an uns selbst gelegt wird, sondern an andere. Diese Moral ist so leicht zu haben, wenn wir sie anderen mit der Gewalt des Staates aufzwingen.

Das Bundesjustizministerium hat – nach harten Kämpfen – einen Vorschlag vorgelegt. Eine öffentliche Diskussion darüber ist möglich. Herr Minister Engelhard hat beim Juristentag in Mainz den Vorschlag vorgestellt. Der Juristentag hat heftig darüber debattiert, er hat mit ganz großer Mehrheit vorgeschlagen, eine Regelung zu treffen. Ich halte es für ganz wichtig, daß der Gesetzgeber endlich Gelegenheit bekommt, diese Frage zu entscheiden. Schwer erträglich wäre es, wenn die Eltern, die Heimbetreiber, die Ärzte, die Betreuer weiter in einer großen Unsicherheit leben müßten, weil wir – befangen in Geschichte, Rechtsroutine und allen möglichen Dingen – eine Entscheidung nicht fällen. Die Bundesregierung wird Einzelheiten in Kürze erörtern und dann einen Vorschlag vorlegen. Dieser geht an die gesetzgebenden Körperschaften. Es ist die Aufgabe des Bundestages und des Bundesrates, darüber zu entscheiden.

Diskussion 3

Walter:
Ich persönlich denke, daß der § 226a StGB die Basis dafür ist, daß ohne Einwilligung der Betroffenen nicht sterilisiert werden kann. Und wo keine Einwilligungsfähigkeit vorliegt, so mein juristischer Laienverstand, ist dieses damit auch nicht möglich. Liege ich da juristisch in meiner Einschätzung völlig falsch? Sie haben, was ich sehr begrüße, die „Verbesonderung" der Sexualität behinderter Menschen abgelehnt und gesagt, sie sei einfach im Menschsein mitzudenken. Dann frage ich mich aber, warum Ihre sehr gute und ausführliche Begründung des § 1905 von der therapeutischen Wirkung der Sexualität bei Behinderten spricht und gerade eben nicht das tut, was Sie jetzt referiert haben.

Reis:
Wir haben schon öfter miteinander im Clinch gelegen, nicht nur in der *Zeitschrift für Rechtspolitik,* sondern auch schon bei verschiedenen Veranstaltungen. Herr Wolf, Sie haben gesagt: Sexualität und Elternschaft müssen auch bei Behinderten möglich sein. (Wobei ich einschränken möchte: Kritisch ist ja hauptsächlich die Frage der Sterilisation nichteinwilligungsfähiger Behinderter.) Wenn man den Wortlaut Ihres noch in dieser Form in den Referentenentwurf aufgenommenen § 1905 liest, dann ist genau das die Absicht dieser Bestimmung, dies zu verhindern. Aus jeder Zeile ist zu lesen: Nichteinwilligungsfähige Behinderte sollen keine Kinder haben. Und die Frage ist nur: Wie kriegt man das am besten hin? Da führen Sie alle möglichen Punkte auf, und schließlich soll das dann bei der Sterilisation enden.

Ein bekanntes Problem zwischen uns beiden ist die Frage des Schwangerschaftsabbruchs. Das ist Ihr Gegenargument: Sie sagen, das sei ein Wertungswiderspruch, ich wolle die Sterilisation verhindern, aber dann käme es zum Schwangerschaftsabbruch. Aber der Schwangerschaftsabbruch bei nichteinwilligungsfähigen Behinderten ist nicht zulässig! Ich weiß, daß er gemacht wird. Das ist gegen das Gesetz. Man muß versuchen, das in der Zukunft zu verhindern. In den Parteien besteht darüber absolute Einmütigkeit, das kann man in den Protokollen des Sonderausschusses nachlesen. Ich kann nur bedauern, daß das in der Diskussion so wenig Beachtung findet.

Mein drittes Problem ist die Frage nach der Verfassungsmäßigkeit dieses Entwurfs. Diese Frage wird vom Justizministerium wie eine Art Staatsgeheimnis behandelt. Ich habe schon verschiedentlich versucht, wenigstens einmal die Argumente zu erfahren, mit denen die Verfassungsmäßigkeit gegen meine Begründung der Verfassungswidrigkeit gerechtfertigt wird. Die Frage der Verfassungsmäßigkeit steht in einem engen Zusammenhang mit dem, was mich auch sehr beschäftigt und etwas beunruhigt: die Art und Weise, wie Sie jetzt doch immer deutlicher werdend aus dem Schatten der sogenannten Vergangenheit heraustreten wollen. Nein, nein, nochmal nein! Das Grundgesetz hat bei der Aufnahme des Art. 2 Abs. 2 Satz 1, der das Recht auf Leben und körperliche Unversehrtheit schützt, eine ganz klare Aussage getroffen. Im Parlamentarischen Rat ist ausdrücklich gesagt worden, man wolle Zwangssterilisation, wie es sie in der Zeit des Nationalsozialismus gegeben hat, verhindern. Nun deuten Sie das Wort Zwangssterilisation einfach so um: Zwangssterilisation liegt nur dann vor, wenn der oder die Betreffende auf dem Operationstisch liegt und sich mit Händen und Füßen wehrt. Wenn der oder die Betreffende aber überhaupt nicht weiß, was man vorhat? Mit Recht, scheint mir, hat die EKD in ihrer vorläufigen Stellungnahme, die sie bei dem Hearing am 2. September 1988 abgegeben hat, hier das Wort Zwangssterilisation eingebracht. Das ist eine der offenen Fragen, mit denen Sie sich meiner Ansicht nach nicht hinreichend beschäftigt haben.

Was immer unerwähnt bleibt: Es gibt außer dem Entwurf des Justizministeriums und dem Entwurf der Lebenshilfe auch noch einen Vorschlag der SPD-Fraktion. Ich muß sagen, dieser Vorschlag ist einfach der beste. Das ist ganz unabhängig davon, welche politische Richtung man vertritt. Darin ist vorgesehen, daß nur in einer lebensbedrohlichen Situation bei geistig Behinderten, die nicht ihren Willen äußern können, eine Sterilisation möglich sein soll. Ich kann nur hoffen, daß es doch gelingt, bevor es zu einer parlamentarischen Abstimmung kommt, die anderen politischen Gruppen für diesen Entwurf zu gewinnen.

Wolf:
Wenn keine Einwilligung vorliegt, dann ist das gefährliche Körperverletzung – so § 226a StGB. Aber das ist natürlich eine juristische Konstruktion. Eine Entscheidung kann von einem Menschen selbst getroffen werden, solange er es kann, also entscheidungsfähig ist. Und wenn er nicht entscheidungsfähig ist, muß die Entscheidung ein anderer treffen. Bei der Heilbehandlung ist das ganz klar. Eine notwendige Blinddarmoperation bei einem geistig Behinderten, der nicht einwilligungsfähig ist, in die der Betreuer, der Vormund oder Pfleger einwilligt, ist natürlich nicht rechtswidrig, weil eine Einwilligung vorliegt. Man müßte sagen: Die Einwilligung eines anderen ist eine Einwilligung und ersetzt die Entscheidung des Nichteinwilligungsfähigen. Darin zeigt sich das ganze Problem der Stellvertretung. Herr Reis bestreitet, daß in personenbezogenen Bereichen eine solche stellvertretende Entscheidung überhaupt zulässig ist. Er sagt: Dies ist unzulässig bei der Sterilisation, aber auch unzulässig bei der Abtreibung. Dies hat zur Folge, daß bei geistig behinderten Frauen, die nicht einwilligungsfähig sind, keine Sterilisation bzw. Abtreibung stattfinden darf, aber ihnen, weil es dann nicht mehr auf ihre Entscheidungsfähigkeit ankommt, dieses Kind weggenommen wird. Das heißt also: Geistig behinderten Frauen werden Lasten zugemutet, die wir den geistig nicht behinderten Frauen nach der Konstruktion des § 218a – zu der man stehen kann, wie man will, das ist geltendes Recht – nicht zumuten. Ich bin der Meinung, eine solche stellvertretende Entscheidung muß es geben.

Zu dem Punkt „keine Besonderheit der Sexualität Behinderter": Man darf in einer solchen Begründung nicht jedes Wort sagen. Vielleicht ist das ein gewisser Fehler gewesen. Vielleicht haben wir seither selber auch Entwicklungen durchgemacht. Wenn Sie wüßten, wie wir angefangen haben, wie problematisch viele Fragen waren, die uns jetzt schon Routine sind! Das ist alles ein Prozeß. Die Aussage von Herrn Reis, wir wollten erreichen, daß Behinderte keine Kinder kriegen, stimmt so nicht. Wir definieren nur, in welchen eingeschränkten Fällen eine Entscheidung eines Betreuers möglich ist. Wir nehmen überhaupt keine Wertung vor, so wenig, wie unser Staat eine Wertung ausspricht, wenn eine 22jährige gesunde Frau oder ein 30jähriger Mann sich sterilisieren lassen. Der einzelne mag moralisch der Meinung sein, das sollte nicht geschehen. Aber unser Staat hat seit der Entscheidung des Bundesgerichtshofs seine Kompetenz in dieser Frage zurückgezogen. Die Arbeitsgruppe will nicht mehr, als daß dies auch für Behinderte gilt. Wir nehmen keine wertende Stellung dazu ein. Ich bin der Meinung, daß der Staat kein Recht hat zu entscheiden, wer Kinder bekommen soll. Ich beschäftigte mich sehr mit der Vergangenheit. Aber ich glaube, wir können uns unser ganzes Leben nicht immer wieder von den Nazis kaputtmachen lassen. Manche Wissenschaftler sagen, daß wir in unserer Wortwahl und in unseren Entscheidungen immer noch der Nazipropaganda unterliegen. Der schlimmste Vorwurf ist, daß wir Zwangssterilisation zulassen. Im Vorschlag des Bundesjustizministeriums für den § 1905 BGB heißt es, daß der Betreuer in eine Sterilisation des Betreuten nur einwilligen kann, „wenn 1. die Sterilisation dem Willen des Betreuten nicht widerspricht". Das heißt doch, daß jede Lebensäußerung *gegen* die Sterilisation beachtlich ist. Und trotzdem wird gesagt, wir seien für die Zwangssterilisation. Hier wird entweder nicht verstanden oder „gezielt mißverstanden", um unseren Entwurf zu bekämpfen. Es sollte doch einmal klar erkannt werden, daß man einen deutlicheren Satz als den, daß selbst ein unbeachtlicher Wille beachtlich ist, nicht formulieren kann. Prof. Holzhauer hat beim Juristentag gesagt: Dieser Satz ist falsch, weil er dogmatisch falsch ist. Er ist tatsächlich dogmatisch falsch, denn ein unbeachtlicher Wille ist im juristischen Bereich eigentlich nicht beachtlich. Hier bei der Sterilisation sagen wir: Auch ein unbeachtlicher Wille ist beachtlich. Mehr können wir juristisch nicht tun.

Noack:
Ich bin im Vormundschafts- und Pflegschaftswesen tätig. In meiner Dienststelle haben wir uns über den Entwurf gefreut. Wir haben ihn als „Revolution" empfunden. Wir sind ja täglich damit befaßt und haben festgestellt, daß hier doch ganz erhebliche Änderungen zum gegenwärtigen Recht und zur gegenwärtigen Praxis auf uns zukommen. Wir versuchen auch schon, diese zukünftigen Vorstellungen in unsere Arbeit einfließen zu lassen. Aber da neue Regelungen Geld kosten, habe ich Angst, daß die Vorschläge nicht zum Tragen kommen werden. Ich würde mich da in die Reihen der Pessimisten eingliedern. Deshalb die Frage: Wenn die Kosten auf dem Tisch liegen, wie verhält sich dann der Gesetzgeber?

Keinath-Vogel:
Herr Wolf, Sie haben zu Beginn Ihres Vortrags von dem Paar in dem Heim und dem Schwangerschaftsabbruch berichtet, was uns allen sicherlich Beklemmung verursacht hat. Ich habe mich gefragt, warum Sie dieses Beispiel erzählt haben, und frage Sie: Sollten die Zuhörer darauf eingestimmt werden, daß der neue § 1905 in diesem Fall eine Lösung gewesen wäre? Sehen Sie nicht die Gefahr, daß es in der Praxis darauf

hinauslaufen wird, den drohenden Schwangerschaftsabbruch als Grund dafür anzugeben, daß eine Frau sterilisiert werden muß, und daß damit auch Ihr Versuch, die Praxis einzuengen, ganz klar durchlöchert werden kann? Denn diese Alternative ist, insbesondere von Ärzten, immer darzustellen und glaubhaft zu machen, und dann gibt es ja keinen anderen Ausweg als die Sterilisation, und zwar auf einer breiten Ebene.

Habiger:
Für mich ist jetzt die Frage, ob ich das richtig verstanden habe. In eine Sterilisation des Betreuten, in die dieser nicht einwilligen kann, kann der Betreuer nur einwilligen, wenn anzunehmen ist, daß es ohne die Sterilisation zu einer Schwangerschaft kommen würde. Aber es ist häufig so, daß die Betreuer und Pfleger unterschiedlicher Auffassung darüber sind, ob der zu Betreuende in der Lage ist, ein Kind zu erziehen. Besteht hier nicht die Gefahr, daß gängige gesellschaftliche Maßstäbe angelegt werden, die dann im Rahmen dieses Gesetzentwurfs dazu führen können, daß der Wille des Betreuten letztendlich doch nicht respektiert wird?

Wolf:
Die Gefahr besteht in der Tat, daß alle, die entscheiden, ihre eigene Wertung in diese Entscheidung einbringen und gerade nicht das tun, was der Behinderte eigentlich will. Dies ist aber ein ganz allgemeines Problem, das auch in anderen Bereichen so existiert. Das kann der Gesetzgeber gar nicht verhindern. Der Gesetzgeber kann nur versuchen, durch formale Vorschriften zu sichern, daß die Entscheidung durch Beachtung möglichst vieler Aspekte vorbereitet wird. Eine Entscheidung des Betreuten, „in die dieser nicht einwilligen kann" – darin steckt das ganze Problem der natürlichen Entscheidungsfähigkeit. Das ist ein Tatbestand, der im Gesetz nicht geregelt ist. Aber von uns wird die Regelung gefordert, obwohl man sieht, wie schwierig es juristisch ist, mit Worten einen Sachverhalt zu beschreiben, der für alle gilt. Wir haben eingesehen, daß wir das nicht schaffen, und haben es beim geltenden Recht in seiner Unvollkommenheit belassen. Aber wir sagen: Wir brauchen eine Bestimmung des Aufgabenkreises durch das Gericht. Dann muß ein Betreuer bestellt werden, der sich insgesamt um diesen Menschen kümmert, dann muß ein weiterer Betreuer nur für die Entscheidung bestellt werden, ob eine Sterilisation stattfindet. Dann brauchen wir die Ärzte. Denn wer sollte sonst begutachten? Dann muß der Betreuer die Entscheidung treffen: Ich bin der Meinung, daß Sexualität hier mit einer Sterilisation verbunden sein sollte. Mit dieser Entscheidung muß er sich mit dem von ihm betreuten Menschen auseinandersetzen. Dann muß er mit dieser Entscheidung zum Gericht gehen und sie genehmigen lassen. In diesem Verfahren ist der betroffene Mann oder die betroffene Frau voll verfahrensfähig. Er/sie muß angehört werden. Auch in Zukunft, wenn die Vorlage Gesetz würde, wird es natürlich falsche Entscheidungen geben. Mit einem Gesetz läßt sich die Routine, die Gleichgültigkeit der Welt nicht aus den Angeln heben. Es werden natürlich allgemeine gesellschaftliche Maßstäbe einfließen, und wir haben jeder eine unterschiedliche Meinung zu dem Problem. Wenn wir hier einen konkreten Fall zu beurteilen hätten, würden wir wohl zu unterschiedlichen Entscheidungen kommen. Aber dies ist immer in Grenzbereichen so.

Kommt es dazu, daß bei Frauen eine Sterilisation nach der weiten Regelung des § 1905 StGB immer vorgenommen werden kann? Dies ist in der Tat eine ernsthafte Fragestellung, und deswegen hat ja auch die Lebenshilfe gesagt: keine Verweisung auf den § 218, sondern eine eigene Beschreibung des Zustands. Das haben wir natürlich genau gesehen: Wir legen die Problematik des § 218a mit diesem Entwurf offen. Dort läßt der Staat diesen schweren Eingriff, der zur Tötung von Leben führt, in Notlagefällen zu. Können wir und sollen wir sagen, daß die Sterilisation ein schwererer Eingriff als die Abtreibung ist? Das kann man tun. Aber damit fällt man die Entscheidung, daß der § 218 falsch ist. Ich sehe jedenfalls die Gefahr. Zunächst habe ich mich intern ganz entschieden dagegen gewehrt, den § 218 überhaupt anzusprechen. Warum? Es entsteht nämlich folgendes: Über diesen § 1905 würden in Zukunft die Vormundschaftsgerichte über die Auslegung des § 218a entscheiden. Es gibt noch keine Entscheidungen zum § 218. Aber wir werden in vielleicht jährlich 1000 Fällen über diese Vorschrift eine Rechtsprechung zum § 218a bekommen, und dabei wird eine drastische Beschränkung der sozialen Indikation herauskommen. Und dies wird Auswirkungen haben für die Praxis der Abreibung mit all den Folgen, vor denen man Furcht haben kann. Aber wir haben diesen § 218, und wir können es auch nicht ändern, daß wir ihn haben. Dies ist keine Entscheidung, die wir fällen. Wenn in diesem Spektrum – getrennte Unterbringung, Wegnehmen von Kindern, Sterilisation oder Abtreibung – eine Entscheidung zu treffen ist, meine ich, sollten wir den Menschen, die mit Behinderten umgehen, die Möglichkeit geben, alle 4 Möglichkeiten in Erwägung zu ziehen und nicht eine, nämlich die Sterilisation, in allen Fällen auszuschließen, wobei die Fragen, wie schwer dieser Eingriff ist und in welchen Fällen er rückgängig gemacht werden kann, einbezogen werden müssen. Glücklich ist die Regelung nicht, sie hat viele Haken und Ösen, aber sie legt ein gesellschaftliches Problem offen[1].

Zu den Kosten: In Zukunft soll jeder Betreuer für eine Betreuung einen Unkostenbetrag bekommen. Im Diskussionsentwurf sind es 600 DM; multipliziert mit 300000 ergibt das 180 Millionen. Im Referentenentwurf wurde reduziert auf 480 DM pro Monat, allerdings mit der Möglichkeit, daß die Vereine und Verbände unmittelbar etwas für ihre Supervisionstätigkeit bekommen sollen. Hinzu kommt, daß wir die beruflich tätigen Betreuer, Rechtsanwälte usw. voll entschädigen – entsprechend einer Entscheidung des Bundesverfassungsgerichts nach dem Gesetz über die Entschädigung von Zeugen und Sachverständigen. Über den Daumen gepeilt wird das Gesetz, so steht es im Gesetzentwurf, jährlich 200 Millionen kosten. Vielleicht wird es auch etwas mehr kosten. Wir bewegen uns also in einer Größenordnung zwischen 200 und 300 Mio. DM jährlich, die für Behinderte zusätzlich zur Verfügung stehen sollen. Dazu kommt die größere Belastung der Gerichte. Ich glaube nicht, daß diese entschiedene Verbesserung der Situation Behinderter kostenneutral zu haben ist. Wir wollen schlicht und einfach den Gesetzgeber, den Bund und die Länder, dazu aufrufen, diese Entscheidung zu fällen. Da wird eine ganz interessante Geschichte entstehen: Die reichen CDU-Länder im Süden, die diesem Entwurf in Teilen etwas kritisch gegenüberstehen, werden das Geld dafür haben, und die SPD-Länder, diesem Entwurf ideologisch vielleicht sehr viel näher stehend, werden sagen, daß sie das nicht finanzieren können. Die Kosten werden erheblich sein, aber das ist wohl unvermeidbar.

---

[1] Zur vorstehenden Argumentation verweisen wir (die Herausgeber) auf die Drucksache des Deutschen Bundestags 11/4528 vom 11. 05. 1989, S. 73f. und S. 143f..

Die historische Dimension des neuen Sterilisationsgesetzes

M. Wunder

Denjenigen, die heute die historische Dimension in den gegenwärtigen Debatten um die Sterilisation, aber auch bei Themen wie Sterbehilfe und Gentechnologie betonen, wird häufig vorgeworfen, sie blockierten neue Lösungen, belasteten alles mit dem NS-Vorwurf und würden neue Denktabus errichten. Es mag Beispiele dafür geben, daß platte Behauptungen von NS-Kontinuitäten Auseinandersetzungen unmöglich machen oder es Eltern schwer machen, ihre verständliche Forderung nach Sterilisation ihrer geistig behinderten Kinder zu äußern – sie wollen nicht auch noch Eltern ihrer Enkel sein müssen.

Generell glaube ich aber, daß die Haltung „Jetzt laßt uns doch mit dieser ewigen NS-Geschichte in Ruhe" oder „Unsere Probleme haben doch damit nichts zu tun" auf Geschichtsunkenntnis basieren, vielleicht auf Bequemlichkeit, und sehr viel mit der gesellschaftlichen Erinnerungslosigkeit bezüglich der NS-Rassenhygiene zu tun haben.

Selbstverständlich ist die Debatte gegen das neue Sterilisationsgesetz, präziser gegen die Legalisierung der Sterilisation ohne persönliche Einwilligung im Rahmen der Reform des Vormundschaftsrechtes, nicht allein mit Fragestellungen zu bestreiten, die sich aus der Vergangenheit ergeben. Nicht vergessen werden kann dabei aber, daß die fast zeitgleich geführte Debatte um die sog. Wiedergutmachung für die bisher „vergessenen", besser gesagt ausgeschlossenen Opfer, gerade für die im Nationalsozialismus Zwangssterilisierten, keine wirkliche Anerkennung als Opfer des Faschismus gebracht hat.

Wie wichtig ein „Erinnern für die Zukunft" ist, zeigt sich auch daran, daß die Aufarbeitung der Geschichte des „Gesetzes zur Verhütung erbkranken Nachwuchses" von 1933 und die sich daraus auch für heute ergebenden Fragen dem Bundesjustizministerium während der Erstellung des Referentenentwurfs vorlagen, aber bis heute nicht ernsthaft beantwortet sind. Ich werde mich deshalb im 1. Teil meines Vortrags auf den Appell „Kein neues Sterilisationsgesetz in der BRD!" beziehen, wie er vom Arbeitskreis zur Aufarbeitung der Geschichte der „Euthanasie", für den ich diesen Appell formuliert habe, vorgelegt wurde. Im 2. Teil meines Vortrags werde ich den Referentenentwurf in seiner jetzt vorgelegten Fassung kritisieren und versuchen, gerade im Hinblick auf die Geschichte, aus deren Schatten diese Debatte bisher nicht heraustreten kann, Schlußfolgerungen für die weitere Zukunft zu ziehen.

Die Sterilisation geistig behinderter Menschen wie anderer Gruppen wurde 1933 mit einem der ersten Gesetze der Nationalsozialisten, dem „Gesetz zur Verhütung erbkranken Nachwuchses", legalisiert. Die ideologischen Einbettungen des Gesetzes von damals und der Debatte von heute scheinen verschieden zu sein.

Die Nationalsozialisten konnten sich 1933 auf einen breiten, weit über ihre Anhängerschaft hinausgehenden „rassehygienischen Konsens" stützen. Das Gesetz sollte die Vermehrung der als „erbkrank" diffamierten Menschen verhindern. Der Kern des Gesetzes lag damit in der Bestimmung des „Wertes des Menschen" für die Volksgemeinschaft. Demgegenüber spielen eugenische und bevölkerungspolitische Argumentationsmuster in der heutigen Debatte (zumindest bisher) keine tragende Rolle. Fehlende Einsichtsfähigkeit sowie Unfähigkeit zur selbständigen und angemessenen Kindererziehung sind die Hauptargumente der Befürworter einer gesetzlichen Regelung der Sterilisation.

Beängstigende Parallelen zur derzeitigen Debatte zeigen sich erst, wenn man die einzelnen Paragraphen und Ausführungsbestimmungen des Gesetzes von 1933 ansieht:

- Das Gesetz von 1933 umschreibt 9 klar benannte Diagnosegruppen, u. a. „angeborener Schwachsinn", „Schizophrenie" und „angeborene Fallsucht". Die betroffene Personengruppe sollte damit eng beschrieben und fest umrissen sein.
- In der Durchführungsverordnung von 1933 gibt es feste Schutzbestimmungen bezüglich des Alters (Mindestalter 10 Jahre) sowie bezüglich des Gesundheitszustands (keine Sterilisation bei einem körperlichen Zustand, der einen solchen Eingriff als risikohaft erscheinen läßt).
- Die Durchführungsbestimmung von 1933 sieht ferner vor, daß das Gesetz nicht durchgeführt werden soll, wenn der Betreffende in einer geschlossenen Anstalt dauernd verwahrt wird. „Fortpflanzungsfähige Erbkranke" sollten nach der Sterilisation entlassen oder zumindest beurlaubt werden.

Die Entwicklung nach 1933 zeigt:

- Der Anwendungsbereich des Gesetzes wurde ständig ausgeweitet. Beispielsweise wurde durch die Diagnose „moralischer Schwachsinn" ein großer Teil der Menschen in den Geltungsbereich des Gesetzes hineindefiniert, die sozial unangepaßt waren und nach heutigen Begriffskriterien unter „lernbehindert" fallen würden.
- Schutzbestimmungen bezüglich der Altersgrenze und des Gesundheitszustands der Betroffenen wurden in der Praxis immer mehr unterlaufen. (Die jüngsten, die zur Sterilisation angezeigt wurden, waren 2 Jahre alt. Über 1000 Todesfälle durch den Eingriff sind nachweisbar, insbesondere aufgrund des schlechten Allgemeinzustands der Betroffenen.)
- Ein großer Teil der Betroffenen bestand aus Anstaltspatienten. Sie kamen auch nach der Sterilisation aus den Anstalten nicht heraus. Ab 1937 gingen die Fürsorgeverbände sogar dazu über, die Verwahrung Zwangssterilisierter absichtsvoll zu betreiben.

Nach dem heutigen Forschungsstand steht auch fest, daß es nicht die „Radaurassisten" waren, die das bestehende Gesetz ständig ausweiteten und die Schutzbestimmungen unterliefen. Es waren die begutachtenden Ärzte, die anzeigenden Anstaltsdirektoren und die am Erbgesundheitsgericht sitzenden Richter. Das Gesetz wurde dieser Praxis schrittweise angepaßt und durch vielfältige Bestimmungen von Jahr zu Jahr ausgeweitet.

Aus der Kenntnis der Geschichte weist der Appell, den mittlerweile über 1400 Personen unterschrieben haben, darunter viele Opfer der Zwangssterilisationen im Nationalsozialismus, Beschäftigte aus Behinderten- und Psychiatrieeinrichtungen und übrigens ganze Landesverbände der SPD und der Grünen, auf folgende Zusammenhänge und Fragen hin:

1) Wer heute eine gesetzliche Regelung für die Sterilisation einer ganz bestimmten kleinen Gruppe behinderter Menschen will, muß wissen, daß damit ein Instrumentarium geschaffen wird, das eine Ausweitung und Ausdehnung auf weitere Menschengruppen vorprogrammiert. Je nach gesetzlichem Umfeld sind alle Diagnosebegriffe, wie beispielsweise „Schwachsinn" oder „geistige Behinderung", wie auch modernere, meist defektbezogene Zustandsbeschreibungen, wie „nicht einwilligungsfähig" oder „unfähig zur Kindererziehung", ausdehnbar und neu auslegbar. Ebenso können Indikationsbegriffe interpretiert werden, die sich auf die „Zumutbarkeit" einer Schwangerschaft beziehen, und über deren Anwendung nicht die Betroffenen, sondern Dritte entscheiden.

2) Wer heute für die Legalisierung der Sterilisation nicht zustimmungsfähiger behinderter Menschen eintritt, muß wissen, daß auch 1933 die Sterilisationspraxis quasi rechtsstaatlich gehandhabt wurde. Die Entscheidungsgremien damals kannten ebenfalls ein Antrags- und ein Widerspruchsrecht der Betroffenen. Gerade durch diese Handhabung wurden die psychologischen Schwellen herabgesetzt, dem massenweisen Eingriff in die körperliche Unversehrtheit behinderter Menschen in einer breiten Öffentlichkeit zuzustimmen.

3) Wer heute mit der Legalisierung der Sterilisation geistig behinderter Menschen die Hoffnung verknüpft, daß damit die Freizügigkeit der Betroffenen größer würde, muß wissen, daß in der Vergangenheit das Gegenteil eingetreten ist. Die Zwangssterilisation war der Anfang einer langen Kette von Herabwürdigungen, der stärkeren Asylierung und schließlich des Abtransportes in Tötungsanstalten der sog. „Euthanasie". Wer garantiert, daß in der heutigen Gesellschaft, in der ein wachsendes Kosten-Nutzen-Denken im Sozial- und Gesundheitsbereich zu verzeichnen ist, nicht eine ähnliche Eskalation des Denkens und Handelns gegenüber behinderten Menschen eintritt?

Nicht platte Gleichsetzungen oder Kontinuitätsbehauptungen machen die „historische Dimension" des Sterilisationsgesetzes aus, sondern:

- die Interpretierbarkeit und Ausdehnbarkeit von Diagnosebegriffen, die ärztliche Gutachter auslegen und die aus ihrer inneren Logik heraus zur Ausweitung auf weitere Personengruppen neigen,
- die Verrechtlichung eines Verfahrens, ohne den Gegenstand des Verfahrens selbst in Zweifel zu ziehen, was lediglich die öffentliche Zustimmungsbereitschaft erhöht,
- die Legalisierung eines körperlichen Eingriffs, der kein Heileingriff ist, also eine Grundrechtseinschränkung für eine bestimmte Bevölkerungsgruppe, die je nach gesellschaftlichem Trend eine Eintrittspforte für die Eskalation von Ungleichbehandlung sein kann.

Die Gefahren geschichtsverkennender Debatten oder Gesetzesvorhaben im sozialen und gesundheitspolitischen Bereich liegen, wie es der schon zitierte Appell formuliert, in „vorschnellen technischen Lösungen, deren Gefärlichkeit von ihren Verfechtern häufig gar nicht gesehen wird".

Genau dieser Vorwurf ist dem Referentenentwurf zu machen: Er gibt wie ehedem dem Gutachter die wesentliche Definitionsmacht, wer ohne Einwilligung sterilisiert werden soll. Er benutzt durch die Verumständlichung des Verfahrens geradezu die von Adorno so trefflich beschriebene „Legitimation durch Verfahren". Und: Eine Problematisierung der Ausweitung auf andere Personengruppen, wie beispielsweise psychiatrisch Behandelte oder auch andere, in Zukunft vielleicht als „Uneinsichtige" eingestuft, unterbleibt.

Ich komme jetzt zur konkreten Kritik am Referentenentwurf, die ich in 5 Punkten zusammenfassen will.

Was ist eine Zwangssterilisation?

Im Entwurf heißt es: „In eine Sterilisation des Betreuten, in die dieser nicht einwilligen kann, kann der Betreuer nur einwilligen, wenn die Sterilisation dem Willen des Betreuten nicht widerspricht ..."

Die Autoren des Gesetzentwurfs lehnen „Zwangssterilisationen" selbstverständlich ab. Juristisch feinsinnig erklären sie, eine Zwangssterilisation läge nur vor, wenn *gegen* den erkennbaren, geäußerten Willen sterilisiert würde, nicht wenn dies *ohne* den Willen der betroffenen Person geschehe. Was aber juristisch glatt formulierbar ist, muß noch lange nicht mit der Praxis übereinstimmen, schon gar nicht mit der Lebenspraxis geistig behinderter Menschen.

Viele Menschen mit geistiger Behinderung erscheinen entscheidungslabil, weil es für sie schwierig ist, sich die Folgen von etwas vorzustellen, was erst in Zukunft geschehen wird und jetzt nur mit Worten zu beschreiben ist – dies insbesondere vor dem Hintergrund der mangelnden sexualpädagogischen Förderung. Sie können auf den Gutachter oder den Richter durchaus den Eindruck der Willenlosigkeit machen und trotzdem eine gefühlsmäßige Abwehr haben, die Einlieferung ins Krankenhaus angstvoll erleben, den Eingriff gerade auch hinterher degradierend und sie in ihren Rechten beschneidend. Der Gesetzentwurf betreibt hier Schönfärberei mit Worten und zieht eine Trennlinie, wo keine ist. Eine Zwangssterilisation kann auch vorliegen, wenn sie im Zustand juristisch gesehener Willenlosigkeit erfolgt.

Im übrigen: Noch nicht einmal eine herbeigeredete Zustimmung zur Sterilisation ist eine Garantie gegen Zwang. Viele geistig behinderte Frauen, die zu ihrer Sterilisation überredet wurden, haben den Eingriff als Zwang erlebt, kämpfen jahrelang mit den psychischen Folgen und fallen nach ihrer Wiederbemündigung nur allzu leicht skrupellosen Gynäkologen in die Hände, die sie refertilisieren oder In-vitro-Fertilisationen bei ihnen durchführen wollen.

Wer ist „einwilligungsunfähig"?

Das Nadelöhr des neuen Sterilisationsgesetzes ist die „Einwilligungsunfähigkeit". Nur dann soll es nach Punkt 2 des Entwurfs dem „Betreuer", wie in Zukunft der

Vormund oder Pfleger heißen soll, möglich sein, ersatzweise seine Einwilligung zu geben. Gefragt sind wieder einmal die Ärzte, denn diese sollen die „Einwilligungsunfähigkeit" gutachterlich feststellen. Der Interpretation sind Tür und Tor geöffnet. Denn niemand weiß so recht, was Einwilligungsfähigkeit ist. Es könnte bedeuten, den Vorgang „Sterilisation" nicht als einen Eingriff zu begreifen, der endgültig zur Kinderlosigkeit führt.

In der Rechtsprechung wird allerdings umgekehrt die Einwilligungsfähigkeit häufig als „konkrete Einsichts- und Urteilsfähigkeit" definiert, also daran gemessen, wieweit die sozialen Folgen einer Handlung oder eines Eingriffs abgeschätzt werden können. Überträgt man dies auf die Definition der Einwilligungsunfähigkeit und mißt diese an einer Urteilsunfähigkeit, eröffnet sich ein weites Feld von Interpretationsmöglichkeiten, je nach gesellschaftlichem Umfeld und je nach Gutachter. Vielleicht wird Einsichtsunfähigkeit in Zukunft „bescheiden" nur als fehlende Urteilsfähigkeit aufgefaßt, was der Eingriff oder die Unterlassung des Eingriffs unmittelbar für die Betroffene bewirkt. Vielleicht aber auch als mangelnde Einsichtsfähigkeit, wem geborene Kinder zur Last fallen würden. Die Grenzen sind fließend. Die Ausweitung ist vorprogrammiert.

Sterilisation als Prävention von Schwangerschaftsabbrüchen

Der Kernpunkt der vorgeschlagenen Neuregelung ist die Argumentation, daß durch eine Sterilisation eine Notlage verhindert werden soll, die sonst zu einem straffreien Schwangerschaftsabbruch nach § 218a führen könnte.

Der § 218a beschreibt Notlagen der Schwangeren, in denen das Austragen des Kindes als unzumutbar anerkannt wird und deshalb der Schwangerschaftsabbruch straffrei ist. Die strenge medizinische Indikation besteht dann, wenn die Schwangerschaft zu einer konkreten Gefahr für das Leben der Schwangeren führen würde (§ 218a, Absatz 1).

Die erweiterte medizinische Indikation besteht dann, wenn die konkrete und ernstliche Gefahr einer schwerwiegenden Beeinträchtigung des körperlichen und seelischen Gesundheitszustands für die Schwangere besteht. Diese Gefahr kann dann bestehen, wenn das Kind behindert ist (§ 218a, Absatz 2,1) – eine Indikation, die auch zunehmend innerhalb der Frauenbewegung kritisiert wird. Des weiteren kann diese Gefahr bestehen, wenn die Schwangerschaft, die Geburt und die Betreuung des Kindes eine soziale Notlage für die Frau entstehen lassen (§ 218a, Absatz 2,3).

Wird diese Argumentationslogik des § 218a auf die Sterilisation übertragen, so entstehen unvermeidbar 2 systematische Fehler:

- Der Schwangerschaftsabbruch nach § 218a ist immer nur dann möglich, wenn es tatsächlich zu einer Schwangerschaft gekommen ist. Die Übertragung der Indikationen auf einen prophylaktischen Eingriff, der alle zukünftigen Schwangerschaften vermeiden soll, suggeriert, daß die Anerkennung einer Notlage für das gesamte Leben einer Frau möglich sei. Ist dies in bestimmten Fällen der strengen medizinischen Indikation wahrscheinlich möglich, müssen hier jedoch deutliche Zweifel z. B. bezüglich der sozialen Indikation angemeldet werden.

Wenn heute Gutachter behaupten, eine geistig behinderte Frau sei nicht fähig, ihr Kind auch zu erziehen, so kann dies z. B. nach einer bestimmten Förderungsphase in ein paar Jahren absolut unzutreffend sein.
- Die Übertragung der Indikationen des § 218a auf die Sterilisation läßt vollkommen vergessen, daß das Anerkennungsverfahren nach § 218a in der Regel von der betroffenen schwangeren Frau selbst in Gang gesetzt wird und sie entscheidet, ob es bei Anerkennung einer Notlage auch tatsächlich zum Abbruch kommt. Bei einem Sterilisationseingriff, wo die Indikationen des § 218a als Begründung herangezogen werden, melden jedoch Dritte die sogenannte Notlage oder die Unzumutbarkeit an. Vergleichbar ist dies nur mit der auch bisher praktizierten ersatzweisen Einwilligung zum Schwangerschaftsabbruch bei sog. nicht einwilligungsfähigen, entmündigten Frauen durch ihren Vormund. Hier wie bei der geplanten Ausweitung auf die Sterilisation bedeutet dies für die „eugenische Indikation" (§ 218a, Absatz 2,1) eben nicht, daß die Betroffene selbst die Unzumutbarkeit, ein behindertes Kind zu bekommen, ins Feld führt, sondern daß Gutachter, Ärzte und Richter dies tun. Was liegt da näher, als daß diese nach ihren eigenen Maßstäben urteilen statt nach denen der Frau? Was sich heute dabei bereits im Bereich der ersatzweisen Einwilligung zum Schwangerschaftsabbruch abspielt, wird bei einer Ausweitung auf die Sterilisation in großem Maßstab stattfinden: Aus der Feststellung der Unzumutbarkeit für die einzelne Frau wird die Feststellung der Unzumutbarkeit für die Gesellschaft.
Ebenso deutlich ist der Wechsel des Entscheidungsmotivs im Falle der sozialen Indikation. Hier sprechen selbst die Entwurfsautoren schon davon, daß die Notlage dann bestehe, wenn „eine behinderte Frau aufgrund der Schwere ihrer Behinderung nie in der Lage sein wird, ihr auch nicht behindertes Kind aufzuziehen". Welche geistig behinderte Frau kann ihr Kind schon ohne weitere Hilfe erziehen? Oder: Welcher Gutachter ist heute bereit, einer geistig behinderten Frau das Gegenteil zu bescheinigen? Die „Unzumutbarkeit für die Gesellschaft", die Kinder geistig behinderter Eltern erziehen zu müssen, lugt hier aus jeder Zeile.

Man kann es auch anders ausdrücken: Was der § 218a bei aller Doppelbödigkeit und Halbherzigkeit und trotz aller Degradierung und jetzt drohenden Ausredungsgesprächen an Stärkung der Entscheidungsmöglichkeiten der betroffenen Frauen gebracht hat, kehrt sich bei der Übertragung auf die Sterilisation ins glatte Gegenteil. Aus „individueller Unzumutbarkeit" wird aus der inneren Logik heraus eine „gesellschaftliche Unzumutbarkeit". Was vorher individuelle Erleichterung war, kann jetzt Planungsgrundlage für eine bestimmte Sozial- und Bevölkerungspolitik werden. Bezüglich der „eugenischen Indikation" kann auch festgestellt werden, daß das, was in dieser Gesellschaft gerade eben als Konsens einer Mehrheit tragfähig war, den Abbruchsgrund „behindertes Kind" als individuelle Entscheidungsmöglichkeit zuzulassen, zerbröseln wird. Die Ermöglichung einer gesellschaftlichen Entscheidung, eine Sterilisation wegen eines zu erwartenden behinderten Kindes durchzuführen, bedeutet die Aufkündigung des bisherigen Konsenses.

Man kann auch sagen: das wahre Gesicht der „eugenischen Indikation" des § 218 wird jetzt herausgekitzelt. Und man kann feststellen, daß der sehr komplizierte gesellschaftliche Kompromiß an dieser Frage nicht mehr länger Bestand haben wird.

Ein Gesetz gegen Frauen

Noch etwas fällt bei der Übertragung der Indikationen des § 218a auf die Sterilisation auf: Bezüglich der Männer kommen die Entwurfsautoren in einen unübersehbaren Argumentationsnotstand. Wie soll nämlich die zukünftige Notlage einer Schwangeren eingeschätzt werden, wenn es um die Sterilisation eines Mannes geht?

Logischerweise können die Indikationen des § 218a nur festgestellt werden, wenn ein behinderter Mann ein festes Verhältnis mit einer behinderten Frau hat. Ein behinderter Mann mit wechselnden Partnerinnen oder dem Gutachter nicht bekannten Partnerinnen kann demnach nicht sterilisiert werden. Den Gutachtern und Richtern wird es darüber hinaus auch zu aufwendig und anstrengend sein, in diesen Fällen die Partnerinnen ausfindig zu machen, so daß dieses Gesetz fast ausschließlich die geistig behinderten Frauen treffen wird.

Legitimation durch Verfahren

Der Gesetzentwurf macht bestechende Verfahrensvorschläge. Die Betroffenen sollen ein Widerspruchsrecht haben. Ihnen wird ein Verfahrenspfleger zugeordnet. Die Einwilligung des Betreuers reicht nicht. Das Vormundschaftsgericht muß diese noch einmal bestätigen.

Das alles kann jedoch nicht beruhigen. Die Idee, Sterilisationseingriffe durch Verfahren zu legitimieren, ist – wie schon erwähnt – alt. Das Gesetz von 1933 kannte auch diverse Verfahrensrechte. Sie konnten damals und sie werden heute die Menschen nicht vor zwangsweisen Eingriffen in ihre persönliche Integrität bewahren.

Die Lebenshilfe hat dem Bonner Referentenentwurf einen Alternativentwurf (s. S. 68 ff.) gegenübergestellt, der sich meiner Ansicht nach bei näherem Hinsehen aber eher wie eine Präzisierung ausnimmt. Der Wille des Betreuten wird darin als „natürlicher Wille" aufgefaßt, der sich durch „Gestik, Gefühlsäußerungen, Gegenwehr und ähnliche Verhaltensweisen" äußern kann. Eine Präzisierung, die der Lebensart geistig Behinderter sehr entspricht, die aber an dem Grunddilemma der Ununterscheidbarkeit zwischen „gegen den Willen" und „ohne den Willen" nichts ändert.

Ein wesentlicher Unterschied zwischen Regierungsentwurf und Lebenshilfeentwurf besteht darin, daß vom § 218a nur noch die medizinische Indikation übernommen wird, ansonsten für eine weitere Indikation die Beschreibung „zur Pflege und Erziehung eines Kindes unfähig" direkt in den Gesetzestext hineinformuliert wird. Der nicht zu verkennende Fortschritt: Die „eugenische Indikation" mit ihrer ganzen Problematik bei Fremdeinwilligung entfällt ersatzlos. Auf der anderen Seite: Die soziale Indikation wird durch die zitierte Operationalisierung noch viel weiter gefaßt, als es § 218a, Abs. 2, Nr. 3 tut. Ansonsten übernimmt die Lebenshilfe wortgleich den Referentenentwurf und damit die Forderung, daß die Legalisierung der Sterilisation ohne persönliche Einwilligung notwendig sei.

Die Notwendigkeit einer Regelung wird auch von den Entwurfsautoren ins Feld geführt, warum sie ihre über alle Parteigrenzen hinweg begrüßte Neuregelung des Pflegschafts- und Vormundschaftsrechts mit der Sterilisationsermöglichung verbinden und auch belasten. Es steht außer Frage, daß es seit langem massive Forderungen nach einer Legalisierung gibt: aus der Ärzteschaft, z. B. der Bundesärztekammer, von prominenten Medizinrechtlern, z. B. vom sog. Einbecker Kreis [Hiersche H-D et al. (Hrsg) (1988) Die Sterilisation geistig Behinderter. 2. Einbecker Workshop d. Dt. Ges. für Medizinrecht. Springer, Berlin Heidelberg New York Tokyo], von Verbänden wie der Lebenshilfe, jüngst auch vom Juristentag, wenn auch in einer so unausgereiften Formulierung, daß sich wahrscheinlich selbst die Befürworter hierauf nicht beziehen werden. Die bisherige „Einwilligungsunfähigkeit" wird hier definiert als Unfähigkeit, „Erfordernis und Tragweite einer Sterilisation selbständig zu beurteilen". Der Widerspruch des Behinderten soll vom Richter mit Hilfe „sachverständiger Beratung" in seiner Bedeutung beurteilt werden, bevor er wirksam sein soll.

Erfreulicherweise tut sich aber auf der Seite der Entwurfgegner einiges. So hat sich die Gesundheitsministerin Rita Süssmuth (in ihren letzten Amtstagen) in einem Schreiben an Prof. Klaus Dörner (Gütersloh) vom 29. 09. 1988 so geäußert:

> ... ich hoffe, daß sich die bereits begonnene Entwicklung fortsetzt und zunehmend verdeutlicht, daß die Sterilisation nicht einwilligungsfähiger Menschen grundsätzlich keine angemessene Problemlösung ist und als vermeintliche Schutzmaßnahme zum Wohle der Betroffenen auch gar nicht gebraucht wird. Einzig für die seltenen Fälle, in denen der Frau bei Eintritt einer Schwangerschaft lebensbedrohliche Gefahr oder ein schwerwiegender Gesundheitsschaden drohen würde, sollte eine medizinische Indikation vorgesehen werden.

Vor diesem Hintergrund mußten die Entwurfsautoren jetzt im Referentenentwurf auch formulieren, daß man sich auf Regierungsseite noch nicht einig sei. Wie es hier nach dem Wegloben von Frau Süssmuth auf den Sessel der Bundestagspräsidentin weitergeht, ist natürlich abzuwarten. Die SPD-Bundestagsfraktion hat sich übrigens – wenig bekannt in der Öffentlichkeit – schon seit geraumer Zeit festgelegt. In ihrem Antrag „Beistand und mehr Rechte für geistig behinderte und psychisch kranke Menschen" (BT-Drucksache 11-669) heißt es, kurz und vollkommen ausreichend, wie ich finde:

> Die Sterilisation Minderjähriger und die unfreiwillige Sterilisation von volljährigen, geistig behinderten Menschen sollen unzulässig sein. Eine Ausnahme soll gelten, wenn die Sterilisation zur Abwehr einer lebensbedrohlichen Gefahr notwendig ist.

Auch die Haltung der Grünen ist bekannt. Ihre Bundestagsfraktion hat den „Appell gegen ein neues Sterilisationsgesetz" unterschrieben.

Zu vermerken ist ebenso eine Resolution der Arbeitsgruppe „Geistig Behinderte" der Konferenz der Leiter der Öffentlichen Psychiatrischen Krankenhäuser vom 03. 10. 1988, in der formuliert wird, daß kein Bedarf für eine Legalisierung bestehe. Ganz in diesem Sinne liegen die Ergebnisse einer Befragung, die Prof. Dörner bei zahlreichen Einrichtungen der Behindertenhilfe durchgeführt hat. Man konnte ihm bisher keinen Fall nennen, in dem eine unfreiwillige Sterilisation in der jüngeren Vergangenheit erforderlich war.

Nur kurz erwähnen kann ich hier entsprechende Stellungnahmen gegen ein Sterilisationsgesetz von der Deutschen Gesellschaft für soziale Psychiatrie, vom Ersten Deutschen Vormundschaftsgerichtstag und vom Verband Evangelischer Einrichtungen für geistig und seelisch Behinderte. In letzterer wird davor gewarnt, eine neue „Klasse" von minderwertigen Behinderten zu schaffen, die außerhalb des Grundgesetzes stünden und damit auch anderen, nicht heilenden Eingriffen, vielleicht auch „experimentellen Eingriffen" schutzlos preisgegeben würden.

Auch in der Lebenshilfe könnte sich ein Umdenkprozeß anbahnen, wie ich unlängst auf einer Tagung von führenden Vertretern der Lebenshilfe erfahren konnte. Im Rahmen der bevorstehenden Novellierung des Jugendhilfegesetzes könnte man, so denkt man dort bereits, auf eine Sterilisationsregelung verzichten, wenn der Staat tatsächlich alle möglichen Hilfen für Kinder behinderter Eltern gewährt und z. B. im Gesetz der Grundsatz verankert wird, daß Frauen jeglicher sozialer Notlage enthoben werden müssen und die sofortigen Adoptionsfreigaben verhindert werden.

Trotzdem ist natürlich die Debatte um die Sterilisationslegalisierung längst nicht beendet und damit die Forderung nach einem eindeutigen Verbot, die Sterilisation ohne persönliche Einwilligung durchzuführen, noch nicht durchgesetzt. Nicht nur weil das Bundesjustizministerium an seinem Vorschlag trotz aller Einwände festhält und dies in seiner neuesten Presseerklärung fast zum Hauptpunkt der Vormundschaftsreform macht. Die Debatte um die Sterilisation Behinderter ohne deren Einwilligung entspricht ganz dem Zeitgeist von einer neuen biotechnisch machbaren Gesellschaft. Deshalb ist sie so gefährlich.

Es darf nicht verkannt werden, daß zeitgleich eine Debatte über die Legalisierung der aktiven Sterbehilfe eingesetzt hat. Die eine Debatte betrifft die Verfügbarkeit des Lebens an seinem Anfang, die andere an seinem Ende. Auch in der Sterbehilfedebatte steht die Erkennbarkeit des Willens im Mittelpunkt, die Mutmaßung über diesen Willen und die Indikation, was noch „Lebensqualität" sei und ein „zumutbares Leben". Auch hier geht „individuelles Verlangen" schrittweise über in „gesellschaftliches Verlangen", individuelle Unzumutbarkeit in gesellschaftliche Unzumutbarkeit.

Kommt das Sterilisationsgesetz durch, wäre dies eine Weichenstellung auch für die Legalisierung der aktiven Sterbehilfe und sicherlich auch für die jetzt auf EG-Ebene geplanten gentechnischen Projekte zur Verhinderung der Geburt Behinderter. Ein breites gesellschaftliches Bündnis aus Behindertengruppen, Frauengruppen, Zwangssterilisierten aus der NS-Zeit, Kirchen usw. muß dafür sorgen, daß der Sterilisationsteil aus dem Referentenentwurf wieder gestrichen wird.

Insgesamt ist nichts gewonnen, wenn es nicht gelingt, Möglichkeiten in dieser Gesellschaft zu schaffen, daß geistig behinderte Eltern mit ihren Kindern zusammenleben und diese Kinder chancengleich aufwachsen können. Die wenigen Wohngruppen und Wohnformen in der Bundesrepublik, wo das heute schon geht – u. a. auch in der Trägerschaft der Lebenshilfe –, müssen gestärkt und ausgebaut werden. Gesellschaftlich und kulturell muß darum gekämpft werden, daß geistig behinderte Menschen nicht nur Kinderwünsche haben dürfen, sondern auch fähig werden sollen und können, Kinder zu bekommen und mit Hilfe anderer zu erziehen. Bei allen zu erwartenden Schwierigkeiten muß dies zur Normalität werden und nicht die „prophylaktische Sterilisation", eine technische Lösung eines gesellschaftlichen Problems, die Nebenwirkungen hat, die schnell zu Hauptwirkungen werden könnten.

Diskussionsentwurf der Bundesvereinigung Lebenshilfe für geistig Behinderte zur Frage der Schwangerschaftsverhütung bei Menschen mit geistiger Behinderung

H. Krebs

Dieser Beitrag geht von einem Positionspapier der Bundesvereinigung Lebenshilfe für geistig Behinderte (Marburg 1988) aus, das vom dortigen Ausschuß Humangenetik-Ethik erarbeitet wurde. Mit dieser Stellungnahme wurde versucht, Möglichkeiten einer Regelung für eine existentiell wichtige Problematik im Leben erwachsener geistig behinderter Menschen zu finden. Die beschriebenen Positionen und meine nachfolgenden Ausführungen bedeuten keine absolute Festlegung, sondern stellen grundlegende Aspekte zu einer seitens der Lebenshilfe möglich erscheinenden Problemlösung dar. Wir wollen damit anregen, wohin sich aus Sicht der Lebenshilfe die Diskussion bewegen sollte.

Es geht also um den Versuch, eine bestmögliche Regelung für eine existentiell wichtige, aber äußerst komplexe, schwierige Problematik zu finden, und nicht darum, wer bei dieser lebhaft geführten Diskussion mit seiner Auffassung einen Sieg davonträgt.

Zur Situation und ihren Anlässen

Anlaß für das Aufgreifen einer für die Lebenshilfe nicht neuen Problematik war 1984 ein „Panorama"-Beitrag. Diese Sendung irritierte und entsetzte zum einen wegen der Art des Vorgehens bezüglich der Frage „Schwangerschaftsverhütung unter bestimmten Bedingungen", etwa wenn geistig behinderte Frauen und Männer in Ferien mitgenommen werden oder gemeinsam in Einrichtungen leben, zum anderen wegen der Schilderung eines Falles von Sterilisation, die von den Eltern verlangt und dann ohne besondere Berücksichtigung des geistig behinderten Menschen selbst durchgeführt wurde, was offenbar häufig vorkommt. Allerdings erboste diese Sendung auch wegen des darin verwendeten Begriffs „Zwangssterilisation". Mit diesem Begriff wird nämlich inhaltlich ein Bezug zu verbrecherischen Handlungen im Sinne des Mißbrauchs von Grundrechten in der Nazizeit hergestellt.

Wird dieser Begriff verwendet, können wir unsere diesbezüglichen historischen Assoziationen nicht einfach ausschalten. Die stellvertretende Vorsitzende der Lebenshilfe, Marie-Luise Trappen, hat 1987 auf einer Tagung in Marburg dazu gesagt, bei der Anwendung dieses Begriffs bezogen auf heutige Sterilisationen würde den Verantwortlichen eine Handlungsweise im Sinne von nazistischer Zwangssterilisation unterstellt:

Ich klage diejenigen an, die seit Jahren auf unglaublich gedankenlose, manchmal sogar schäbige Weise sowohl uns Eltern als auch sehr viele für geistig behinderte Menschen tätige Mitarbeiter, andere sich für sie einsetzende Fachleute, ihre Angehörigen und Freunde „in einen Topf werfen" mit denjenigen, die seinerzeit tatsächlich Zwangssterilisation angeordnet und durchgeführt haben. Seit 30 Jahren kämpfen Eltern und viele andere für das Recht geistig behinderter Menschen auf volle Anerkennung ihrer persönlichen Würde mit allem, was dazu gehört. Man kann, man darf uns nicht in einem Atemzug nennen mit denjenigen, die Menschen wie unsere Söhne und Töchter als „lebensunwert" bezeichneten, die sie ausmerzen wollten und für die Zwangssterilisation ein Mittel zu diesem Zweck war (Trappen 1987).

Wenn das damalige Gesetz harmlos formuliert war, dann war dies genau die Absicht, niemanden merken zu lassen, was eigentlich dahinter stand. Der Umgang mit dem Begriff „Zwangssterilisation" sollte hinsichtlich seiner historischen Belastung in keiner Weise relativiert werden, aber in seiner Anwendung auf heutige Verhältnisse ist, um unberechtigte und diskriminierende Unterstellungen zu vermeiden, der Begriff „Zwang" daraus zu streichen. Damit wird am bestehenden Problem ohnehin nichts geändert.

Es schien also dringend geboten, das offenbar häufiger vorkommende Handeln, geistig behinderte junge Menschen in einer rechtlich nicht genau klärbaren Grauzone sterilisieren zu lassen, als nicht vertretbar einzustufen. Die veranlassende Absicht seitens der Eltern beruht auf der Auffassung, primärpräventives Handeln sei in jedem Falle besser als nachträgliches Reagieren. Eine solche Auffassung ist zweifellos sehr ernst zu nehmen, denn Eltern wollen – verständlicherweise – immer möglichst perfekte Lösungen in Lebensfragen für ihre Nachkommen. Wer von uns wollte das auch nicht? Sind Kinder behindert, geschehen solche Überlegungen und Handlungen aus einem besonderen Verantwortungsbewußtsein heraus erst recht. Diese Motive bewegen Eltern bei dem verständlichen Wunsch einer Regelung, die es ihnen rechtlich ermöglicht, die Sterilisation ihrer Kinder zu veranlassen. Gerade dies läßt das Grundgesetz nicht zu.

In diesem Zusammenhang soll etwas über den Sinn von gesetzlichen Regelungen beziehungsweise allgemein verbindlichen Regulativen gesagt werden: Emotionale Beweggründe allein genügen nicht, um Handeln zu rechtfertigen. Der Verstand muß immer klärend mithelfen. Regulative aber sind Leitlinien für vertretbar erscheinendes Handeln, Gesetze jedoch – das sollte jederzeit bewußt sein – sind in der Regel nur ein Minimalkonsens bezüglich sittlichen Handelns. Sie stellen kein Optimum für verantwortbare Handlungsweisen dar. Gesetze zeigen in der Regel die untere Grenze des sittlich Notwendigen an. Bei der Diskussion zu unserer anstehenden Problematik sollte man sich dies stets vor Augen halten. Wir müssen uns klar darüber werden, daß wir das Ideale auch immer für realisierbar halten, und wir sollten vermeiden, so zu tun, als könnten wir Perfektion erreichen. Solche Einsicht zwingt uns zu einer realitätsbezogenen Einschätzung dessen, was wir gerecht nennen. Der Philosoph Spaemann (1986) schreibt: „Dem Menschen, der Wirklichkeit gerecht werden, das geht über die Gerechtigkeit hinaus. Es erfordert zweierlei: Wissen und Liebe. Ohne Wissen über das, was der Mensch ist und was ihm gut tut, handeln wir falsch ... Wissen, verbunden mit Liebe, ist das Beste ... Liebe heißt hier soviel wie: Wohlwollen, Wille, dem anderen das zukommen zu lassen, was für ihn gut ist." Und schließlich führt Spaemann aus, „daß der größte Teil unserer Handlungen auf einer

Abwägung der Folgen bzw. einer Abwägung der Güter beruht, die von den Folgen unserer Handlungen positiv oder negativ betroffen sind". Diese Ausführungen stellen klar, daß wir uns der Situation des Abwägens verschiedener Güter und damit letztlich des Wertens niemals entziehen können! Spaemann ist auch der Auffassung, daß wir nie genau wissen können, welche Folgen unsere Entscheidungen bzw. Handlungen haben werden: „Wir tappen, was die Gesamtheit der Folgen betrifft, immer im Dunkeln." Eines können wir jedoch sicher festhalten: Schlecht ist immer dann eine Handlung, wenn die Würde der Person verletzt wird. Eine ärztliche Maxime lautet: Was tue ich wem, womit, wann und wozu?

Konkret mußte die Lebenshilfe erkennen, daß Sterilisationen bei geistig behinderten Menschen durchgeführt oder Methoden der Empfängnisverhütung häufig aus relativ wenig reflektierten Begründungen heraus angewandt wurden. Eltern behinderter Kinder sind Stellvertreter in fast allen Lebenssituationen bei notwendigen Entscheidungen. Deshalb tun sie sich mit der Einsicht sehr schwer, von einem bestimmten Entwicklungsstand ihrer Kinder ab auf einmal nicht mehr zuständig sein zu sollen. Sie wollen, wenn schon durch ein solches Schicksal belastet, dann wenigstens den ihnen verbleibenden Spielraum an Entscheidungen möglichst zum Besten ihrer Kinder nutzen. Das ist ein verständliches Sicherheitsstreben; wir nennen es fachlich „primärpräventives Handeln". Empfängnisverhütung mit mechanischen oder chemischen Mitteln oder durch einen sterilisierenden Eingriff gehört in diesen Bereich. Definitives über die Anzahl bisher durchgeführter Sterilisationen bei Menschen mit geistiger Behinderung wissen wir allerdings nicht.

Die derzeitige Rechtslage gibt auch bezüglich des Eingriffs und seiner Erlaubtheit keine klaren Regelungen an. Es wird deutlich, daß von deutschen Gerichten unterschiedliche, einander sogar widersprechende Entscheidungen in dieser Sache getroffen wurden. Sehr bedauerlich ist auch, daß sich die Bundesärztekammer 1987 in einer Stellungnahme zu dieser Frage eigentlich nur zur sozialen und – wie es dort heißt – „eugenischen" Indikation geäußert hat. Der Begriff „eugenisch" ist ohnehin in diesem Zusammenhang aus meiner Sicht empörend. Wenn sich die Bundesärztekammer zur sozialen Indikation bei einer zu treffenden Sterilisationsentscheidung äußert, von der medizinischen Indikation überhaupt nicht spricht, so wird der Eindruck erweckt, diese sei völlig klar (s. S. 102ff.). Dies erscheint mir unter fachlichem wie ethischem Aspekt seitens einer Standesvertretung unverständlich. Auch heißt es in der Stellungnahme der Bundesärztekammer, daß für die eugenische, kriminologische und soziale Indikation – unter Bezugnahme auf die vom Bundestag im 5. Strafrechtsreformgesetz erarbeiteten Kriterien – diese Entscheidungen als Unterfall einer medizinischen Indikation anzusehen seien. Daraus wird die Schlußfolgerung gezogen, damit sei eine „alleinige Entscheidungskompetenz des Arztes zur Feststellung solcher Indikationen" gegeben. Eine solche Auffassung kann man in der heutigen Situation und in Kenntnis der mehrdimensionalen Zusammenhänge der Lebenssituation von Menschen mit geistiger Behinderung nicht mittragen.

Solche Aussagen führen rasch dazu, daß Arzt und Eltern annehmen, sie allein könnten entscheiden, was richtig ist. Es muß gefragt werden, ob der Arzt hier dem derzeitigen Gesetzesstand nach die letzte Entscheidung zu treffen hat – und diese nicht selten an der eigentlichen Situation des Menschen mit einer Behinderung vorbei trifft. Grenzen der ärztlichen Kompetenz für eine Entscheidung, die eben keine rein medizinische ist, sondern immer auch zugleich eine psychologische und soziale, werden nicht diskutiert. Inwieweit aber, so muß gefragt werden, hat derjenige, der den Eingriff durchführt, ausreichende Kompetenzen, um eine der Situation des behinderten Menschen gerecht werdende Entscheidung treffen zu können? Schließlich ist die Sterilisation eine lebenslang bedeutsame Veränderung im Bereich von Grundrechten eines Menschen.

Wie schon angedeutet, erscheint die medizinische Indikation keineswegs derart klargestellt, wie das offenbar als selbstverständlich angenommen wird. Tatsächlich muß die medizinische Indikation erst genauer definiert und prägnanter formuliert werden. Einigkeit besteht darüber, daß die ursprünglich 1972 bei der vorgesehenen Strafrechtsreform getroffenen Formulierungen bezüglich einer medizinischen Indikation wohl zu eng gefaßt sein dürften. Es ist z. B. zu fragen, ob eine junge Frau mit geistiger Behinderung und schwerer Epilepsie unbedenklich schwanger werden kann. Es ist bekannt, daß durch Schwangerschaft – wenn auch nicht mit regelmäßiger Sicherheit – die Verschlimmerung einer Epilepsie einzutreten vermag und daß auch ein zu erwartendes Kind durch die antiepileptischen Medikamente Mißbildungen erleiden kann. Oder: Erscheint es so ohne weiteres vertretbar, wenn schwerwiegende Stoffwechselerkrankungen vorliegen – etwa ein Diabetes mellitus –, die erheblich verschlimmernden Veränderungen durch eine Schwangerschaft unterliegen können und wiederum auch das Kind im Mutterleib zu schädigen vermögen? Es wäre also dringend geboten, die medizinisch relevanten Indikationen genauer darzustellen.

Inhalte von Regelungsvorschlägen aus Sicht der Lebenshilfe

Erkenntnis der und Einsicht in die Praxis, Menschen mit geistiger Behinderung vor allem vorsorglich zu sterilisieren, löste bei der Lebenshilfe und dem damit befaßten Ausschuß Humangenetik-Ethik die Reaktion aus: So wie bisher auf keinen Fall weiter! Eine angebotene und zur Diskussion gestellte Lösung ist das vorgelegte Positionspapier. Sehr bald wurde bei der Erarbeitung der Aussagen bewußt, daß als Basis für alle Regelungsvorschläge das Grundgesetz mit seinen Artikeln zur Würde des Menschen, zum Recht auf Leben, auf körperliche Unversehrtheit, auf freie Entfaltung der Persönlichkeit und auf Bildung als unumgänglich angesehen werden muß. Dies erforderte einen nicht unerheblichen Umdenkungsprozeß.

Zunächst wurden Vorfragen in bezug auf die betreffende Person erarbeitet, sofern eine Schwangerschaftsverhütung bzw. Sterilisation in Erwägung gezogen werden sollte, die in der folgenden Übersicht dargestellt sind.

Vorfragen in bezug auf die betroffene Person (aus: Bundesvereinigung Lebenshilfe 1988)

- Empfängnis- bzw. Zeugungsfähigkeit der jeweiligen Person muß vorhanden sein.
- Bestehende oder erwartbare heterosexuelle Kontakte müssen eine Schwangerschaft wahrscheinlich erscheinen lassen.
- Dauerhafte Kinderlosigkeit muß sich als die notwendige, der Persönlichkeitsentfaltung entsprechende Lebensperspektive darstellen; andernfalls muß Sterilisation unterbleiben.
- Sterilisation kann nur letztes Mittel sein, nachdem die Möglichkeiten reversibler Verhütungsmethoden ausgeschöpft worden sind.

Wie ersichtlich muß z. B. die Empfängnis- bzw. Zeugungsfähigkeit der jeweiligen Person vorhanden sein. Wir sind uns darüber im klaren, daß dies u. U. nur schwer, vielleicht auch gar nicht sicher festzustellen ist. Diese Vorbedingung wurde aber formuliert, da wir feststellen mußten, daß nicht selten allein die vermutete, vielleicht irgendwann einmal zu erwartende Empfängnis- bzw. Zeugungsfähigkeit häufig schon genügt, eine Sterilisationsforderung – und diese vorbei an allen anderen evtl. möglichen empfängnisverhütenden Möglichkeiten – zu stellen.

Das gleiche wollen wir mit unserer zweiten Aussage erreichen: Heterosexuelle Kontakte müssen eine Schwangerschaft wahrscheinlich erscheinen lassen. Die Erfahrung in der Beratung und im Gespräch mit Eltern zeigt nämlich, daß nicht selten hier gar nicht näher begründbare erhebliche vorweggenommene Ängste eine entscheidende Rolle spielen und oftmals besonnenes Beobachten und Nachdenken darüber, ob der tatsächliche sexuelle Entwicklungsstand überhaupt einer solchen Möglichkeit entspricht, sozusagen überfluten.

Die Aussage, daß dauerhafte Kinderlosigkeit sich als die notwendige, der Persönlichkeitsentfaltung entsprechende Lebensperspektive darstellen muß, erscheint vielleicht zunächst nicht einfach begründbar. Gemeint ist jener Konflikt in der Erziehungssituation für Eltern, die eine nicht unerhebliche (mittel- bzw. schwergradige) geistige Behinderung haben und insoweit – natürlich auch unter Berücksichtigung ihrer Lebensbedingungen – ihren Erziehungsaufgaben für ein zu erwartendes Kind nicht gerecht werden können. Unsere hierzu im Positionspapier auch gerade bei den Fallkonstruktionen formulierte Meinung kann nicht als absolut festgeschrieben angesehen werden. Jedoch besteht die grundsätzlich als entscheidend angesehene Auffassung, daß gerade in dieser Situation die Fragen der Zumutbarkeit und der Würde der behinderten Eltern wesentlich Berücksichtigung finden müssen. Eine geistig behinderte Frau schwanger werden zu lassen, die Erziehungsfähigkeit anzweifeln zu müssen und unklare situative Erziehungsbedingungen zu haben, aber vielleicht zu denken, eine eintretende Schwangerschaft könne gegebenenfalls abgebrochen werden, ist eine Handlungsweise, die wir für fragwürdig und äußerst diskussionsbedürftig halten. Dies gilt u. a. dann, wenn mit weiteren Schwangerschaften zu rechnen ist. Außerdem muß die entstehende Belastung für die Mutter, wenn eine Trennung von Mutter und Kind geradezu zwingend notwendig wird, mit bedacht werden. Es ist wichtig, das Positionspapier der Lebenshilfe unter diesen Aspekten zu lesen.

Die soeben beschriebene Situation macht einen Konflikt besonders deutlich und damit eine Frage an die Juristen. Das Grundgesetz schützt verschiedene Grundrechte. Nicht selten gewinnt man bei Diskussionen den Eindruck, es seien dies gleichrangige Grundrechte, die nicht in einen Konflikt zueinander geraten könnten. Ist es aber nicht so, daß innerhalb des Grundgesetzes ein Wertekonflikt entstehen kann, der die Notwendigkeit einer Güterabwägung erforderlich macht? Man wird sich dann sehr differenziert über eine Lösung verständigen müssen. Die soeben geschilderte Situation stellt einen solchen Konflikt zwischen dem Recht auf Sexualität, dem Recht auf Wahrung der Menschenwürde, dem Recht der freien Entfaltung der Persönlichkeit wie auch dem Recht auf körperliche Unversehrtheit dar.

Zweifellos liegt eine besondere Problematik dann vor, wenn Menschen mit einer geistigen Behinderung einwilligungsunfähig sind. Es ist aber betont darauf hinzuwei-

Diskussionsentwurf der Bundesvereinigung Lebenshilfe für geistig Behinderte 73

sen, daß jede Sterilisation – auch die, der freiwillig zugestimmt wird – die grundsätzliche Frage nach der Sittlichkeit dieser Handlung aufwirft. Diesem Aspekt kommt eine besondere Bedeutung zu, wenn die von verschiedenen Seiten vehement aufgestellte Forderung bedacht wird, ein absolutes Sterilisationsverbot sei die einzig mögliche Lösung. Wir haben dann nämlich die Situation, daß Sterilisation nicht mehr – die medizinische Indikation ausgenommen – erlaubt ist, daß jedoch die Lebensbedingungen dieser Menschen unter dem Aspekt einer würdigen Gestaltung durch das Verbot keineswegs besser geregelt sind.

Sterilisiert werden darf nur noch, wer einwilligen kann. Derartige Verbotsvorschläge setzen sich nicht mit der Frage auseinander, wie die erkennbare Gefahr des Unterlaufens einer solchen Vorschrift vermieden werden kann. Die von den Vertretern dieser Auffassung angeführte Argumentation, bei einer gesetzlichen Regelung der Sterilisation könne eine Suggestivbeeinflußung des geistig behinderten Menschen eine wichtige nicht auszuschließende Rolle spielen, trifft erst recht für ihren eigenen Vorschlag zu. Die in diesem Zusammenhang auch immer wieder angeführte Entscheidungslabilität eines geistig behinderten Menschen als Kriterium für einen noch nicht abgeschlossenen Entwicklungsprozeß ist nur *eine* Betrachtungsseite dieses Phänomens. Entscheidungsunsicherheit kann genausogut grundlegender Ausdruck der geistigen Schwäche an sich sein. Wer Menschen mit geistiger Behinderung genauer kennt, weiß, daß dies sogar die Regel sein dürfte. Eine Verbotsregelung löst diese Problematik also nicht. Hinzu kommt für mich die ethisch relevante Frage, inwieweit ein Sterilisationsverbot nicht zu solchen Situationen führt, die häufiger zum Anlaß werden können, zur Lösung des Problems einer nicht gewünschten Schwangerschaft deren Abbruch zu erwägen und die dann praktisch immer gegebenen Indikationen des § 218a StGB zu reklamieren. Wer also derart absolute Forderungen aufstellt, muß auch eine Antwort darauf geben, wie ihre Realisierung in menschenwürdiger und sittlich vertretbarer Weise erreicht werden kann.

Schließlich muß man fragen, was geschehen sollte, wenn ein solches Sterilisationsverbot nicht eingehalten wird. Welche Sanktionen sollen gesetzlich kodifiziert werden? Unterstellt man, was wohl keine unberechtigte Prämisse ist, daß in aller Regel die stellvertretend Entscheidenden und Handelnden den Eingriff nicht leichtfertig, sondern aus ernstzunehmender Sorge veranlassen, so muß man fragen, welchen Sinn Bestrafungsmaßnahmen haben könnten. Meine Ausführungen möchten also auf einen Konflikt aufmerksam machen, der auch durch eine rigorose Lösung nicht aus der Welt geschafft wird. Darüber sollte sehr genau und intensiv nachgedacht und offen diskutiert werden.

Eine gesetzliche Sterilisationsregelung wird ohne sachverständige Begutachtung nicht möglich sein. Damit kommt in ein solches Verfahren ein zusätzliches Problem hinein, nämlich die Frage nach der Sicherheit und Verläßlichkeit von Begutachtungen. Die Gefahr, daß gerade bei dem vorliegenden Sachverhalt der Gutachter veranlaßt werden könnte, dem Gericht zu sagen, was „richtig" sei, ist nicht von der Hand zu weisen. Man muß sich klar machen, daß ein Sachverständiger Wahrscheinlichkeiten mit mehr oder weniger großer Sicherheit aus sachlich-fachlichen Gründen erarbeiten kann, daß er aber niemals gleichsam im Kopf des zu begutachtenden Menschen steckt. Aus der Begrenztheit unserer Erkenntnismöglichkeiten einem Dritten gegenüber ergibt sich der Grundkonflikt, niemals eine absolut perfekte sachverständige Erkenntnis bieten zu können.

Wohl aber ist ein anderer Gesichtspunkt für notwendige Begutachtungen von entscheidender Bedeutung: Der zu untersuchende Mensch kann nicht nur nach seiner körperlichen oder nur nach seiner psychischen Verfassung oder nur bezüglich seines Verhaltens im sozialen Feld untersucht und begutachtet werden. Es ist heute nur noch vertretbar, interdisziplinäre Gutachten zu erstellen. Es ist also noch einmal hervorzuheben, daß allein eine medizinische Stellungnahme zur Problematik in keinem Falle genügen kann und darf. Wesentlich erscheint uns außerdem die Beiziehung nicht nur anderer Disziplinen, sondern vor allem der Eltern. Sie sind auf ihre Weise für die Situation ihres behinderten Familienmitglieds die wichtigsten Informanten und insofern im Rahmen eines Begutachtungsverfahrens unverzichtbar! Begutachtung muß also mit der Familie gemeinsam geschehen.

Dabei ist v. a. auch der Entwicklungsaspekt besonders zu berücksichtigen. Gerade bei der anstehenden Problematik wird vom Sachverständigen eine Prognose erwartet werden. Zweifellos spielt die Frage nach noch eintretender weiterer Reifung und Persönlichkeitsentwicklung eine entscheidende Rolle. Auf gar keinen Fall kann bei relativ jungen, aber mindestens volljährigen geistig behinderten Menschen allein von dem zum Zeitpunkt der Begutachtung bestehenden Entwicklungsstand ausgegangen werden. Jedes Gutachten hat sowohl die Biographie als auch multidisziplinär erarbeitete Befunde synoptisch zu betrachten und zu diskutieren. Hinsichtlich noch weiterer möglicher Entwicklungsschritte eine prognostisch perfekte Antwort zu erwarten, ist ein illusorisches Ansinnen. Mit diesem in jeder Begutachtung liegenden Unsicherheitsfaktor sollte also nicht bei der Begründung von Fragwürdigkeiten etwa im Rahmen einer gesetzlich geregelten Sterilisationsmöglichkeit argumentiert werden. Man kann eben auch die Erwartungen an den Sachverständigen überstrapazieren.

Die folgende Aufstellung aus dem Positionspapier der Bundesvereinigung Lebenshilfe bezieht sich auf Vorfragen für die Durchführung einer Sterilisation:

Vorfragen für die Durchführung einer Sterilisation
(aus: Bundesvereinigung Lebenshilfe 1988)

- Die betreffende Person ist im Rahmen ihrer geistigen Fähigkeiten an der Entscheidungsfindung zu beteiligen; für das konkrete Verfahren sind Beratungskriterien zu entwickeln.
- Aus pädagogischer und juristischer Sicht müssen in interdisziplinärer Zuständigkeit und Zusammenarbeit Kriterien für die Feststellung der Einsichtsfähigkeit bzw. -unfähigkeit aufgestellt werden als Voraussetzung für die Prüfung der Einwilligungsfähigkeit.
- Solange Zweifel an der Einwilligungsfähigkeit der betreffenden Person bestehen, darf keine Sterilisation mit Einwilligung von Dritten durchgeführt werden.
- Sterilisation kann nur zulässig sein bei genau festliegender Indikation im Einzelfall.
- Bringt die betreffende Person Ablehnung oder Gegenwehr zum Ausdruck, so ist eine Sterilisation nicht erlaubt; denn diese Abwehr ist als Ausdruck des Selbstbestimmungsrechts zu werten. Eine Ausnahme kann lediglich gelten, wenn Gefahr für Leib und Leben vorliegt.
- Minderjährige dürfen nicht sterilisiert werden.

Eine der wesentlichsten Aussagen ist die, daß die betreffende Person bei der Entscheidungsfindung soweit wie nur eben möglich zu beteiligen ist. Dies ist nicht zuletzt ein pädagogischer und speziell auch sexualpädagogischer Appell. Hierzu fehlt es an Erfahrungen; und konkrete Verfahrensweisen werden erst zu entwickeln sein. Das gilt übrigens auch für die vorstehend diskutierten Begutachtungskriterien. Es kann aber kein Argument sein, weil es an der Prägnanz solcher Kriterien noch fehlt, eine Regelung dahingehend gar nicht erst zu versuchen.

Die hier zur Diskussion stehende Problematik beruht auf Güterabwägungen und Wertungen. Es sollte deshalb bei dieser so wichtigen Diskussion nicht der Eindruck erweckt werden, als gäbe es nur eine Lösung und diese sei bei der Güterabwägung das beste „Gut". Es haben diejenigen, die Einsichtsfähigkeit besitzen, eine besondere Verpflichtung und Verantwortung jenen gegenüber, denen es daran mangelt. Spaemann sagt:

> Bei der Verteilung knapper Güter, also bei Wertentscheidungen, wo es um mögliche Gerechtigkeit geht, sind die, die am meisten davon besitzen, die Mächtigen und die anderen die Ohnmächtigen.

Schlußbemerkung

Meine Ausführungen mögen zeigen, daß es der Bundesvereinigung Lebenshilfe nicht um eine formale Regelung im Sinne irgendeiner Sterilisationsgesetzgebung für Menschen mit geistiger Behinderung geht. Immer nur handelt es sich um Einzelentscheidungen, unter individuell gegebenen Bedingungen als Mensch mit geistiger Behinderung auch hinsichtlich Partnerschaft und Sexualität eine würdige Lebensgestaltung ermöglicht zu bekommen. Wir sind der Auffassung, daß allein eine gesetzlich kodifizierte Regelung eine sehr restriktive Lösung erlaubt, die außerdem für einen im Einzelfall notwendig erscheinenden Eingriff konkrete Begründungen und Transparenz erfordert. Das Beibehalten der bisherigen Situation bringt nicht nur rechtliche Entscheidungsunsicherheiten, sondern ermöglicht auch ein weiteres Handeln in der Grauzone, das nicht gutgeheißen wird. Ein absolutes Verbot jeglicher Sterilisationsmöglichkeit für einwilligungsunfähige geistig behinderte Menschen beinhaltet die Gefahr einer Rückverweisung auf andere Lösungswege wie z. B. Schwangerschaftsabbruch oder auch suggestive Beeinflussung und damit Umgehung nicht nur des Verbots, sondern auch der Verpflichtung, Begründungen offenkundig machen zu müssen. Aus meiner Sicht kann dann auch nicht gewährleistet sein, daß die Würde des Menschen mit geistiger Behinderung tatsächlich immer gewahrt bleibt.

Literatur

Bundesärztekammer (1987) Zulässigkeit einer Sterilisation geistig Behinderter aus eugenischer oder sozialer Indikation. Dtsch Ärztebl 43:1769–1772

Bundesvereinigung Lebenshilfe für geistig Behinderte (Hrsg) (1988) Positionspapier zur Frage der Schwangerschafsverhütung bei Menschen mit geistiger Behinderung. Marburg

Spaemann R (1986) Moralische Grundbegriffe. Beck, München, S 62, 65, 68

Trappen M-L (1987) Eröffnung. In: Neuer-Miebach T, Krebs H (Hrsg) Schwangerschaftsverhütung bei Menschen mit geistiger Behinderung – notwendig, möglich, erlaubt? Große Schriftenreihe, Bd 18. Lebenshilfe für geistig Behinderte e. V., Marburg

Diskussion 4

Krebs:
Wir haben bei der Lebenshilfe sogenannte Fallbeispiele aufgestellt. Ich nenne von einigen nur Stichworte; auf einen anderen Sachverhalt, den auch Herr Wunder angesprochen hat, will ich dann etwas näher eingehen. Die negative Verarbeitung früherer Schwangerschaften stellt uns vor die Frage, ob wir das so weitergehen lassen sollen. Ich sage einmal das nicht sehr schöne Wort „Gebärmaschine". Ich denke, das ist eine Situation, die unwürdig ist, die in diesem Sinne sicher auch niemand wünscht. Das zweite Stichwort: Gleichgültigkeit und Teilnahmslosigkeit einer geistig behinderten Frau gegenüber dem von ihr geborenen Kind. Etwas näher eingehen will ich auf das dritte: Trennung von Mutter und Kind aufgrund gesetzlicher Vorschriften. Wir haben dazu in dem Positionspapier 2 Situationen ausgeführt.

1) Ein Gericht kann nach § 1666 BGB – und ist sogar u. U. dazu verpflichtet – bei einer Gefährdung des geistigen oder seelischen Wohls eines Kindes Maßnahmen zum Schutz des Kindes treffen. Das kann konkret Wegnahme des Kindes sein – auch bei unverschuldetem elterlichen Verhalten.
2) Nach § 1748 Abs. 3 BGB kann die Einwilligung eines Elternteils in die Adoption ersetzt werden, wenn er „wegen besonders schwerer geistiger Gebrechen zur Pflege und Erziehung des Kindes dauernd unfähig ist und wenn das Kind bei unterbleibender Adoption nicht in einer Familie aufwachsen könnte und dadurch in seiner Entwicklung schwer gefährdet wäre". Nach der Rechtsprechung ist eine geistige Beeinträchtigung als besonders schwer anzusehen, wenn der Elternteil dauernd erziehungsunfähig ist.

Es ist argumentiert worden, es bestehe die Gefahr, daß Erziehungsunfähigkeit schon immer dann angenommen würde, wenn Einwilligungsunfähigkeit vorliege. Sicherlich sind die beiden Begriffe inhaltlich nicht identisch. Insofern öffnet der Vorschlag der Lebenshilfe hier eine Schleuse, durch die alle geistig behinderten Menschen dirigiert werden könnten. Wenn ich die Einwilligungsunfähigkeit auch zur Erziehungsfähigkeit erkläre, kann ich damit argumentieren, um eine Sterilisation durchführen zu können. Aber den Automatismus Einwilligungsunfähigkeit gleich Erziehungsunfähigkeit darf es in dieser Form nicht geben; auch Erziehungsunfähigkeit muß festgestellt werden. Darüber gibt es entsprechende Vorschriften, ich denke insbesondere im Jugendwohlfahrtsgesetz.

Nach § 1666 BGB (Kindeswohl, Wegnahme des Kindes) oder nach § 1748 BGB (Eltern sind dauernd erziehungsunfähig) kann immer nur aufgrund einer genauen Prüfung der Umstände des Einzelfalles entschieden werden, ob eine Trennung von

Mutter und Kind unumgänglich ist. Dabei wird zu beachten sein, ob es nicht mildere Mittel gibt, um einer Gefährdung des Kindeswohls zu begegnen, ohne das Kind von seinen Eltern trennen zu müssen. Andererseits zeigen geschilderte Fälle, daß bei einer schweren geistigen Behinderung beider Elternteile bzw. des alleinerziehenden Elternteils die erzwungene Weggabe des Kindes in eine Pflegefamilie, die Freigabe zur Adoption aus zivilrechtlicher Sicht unvermeidlich sein können. Den zitierten Gerichtsentscheidungen liegen Fallkonstellationen zugrunde, die sehr deutlich erkennen lassen, daß die Trennung des Kindes von der erziehungsunfähigen geistig behinderten Mutter als schmerzhaft und belastend empfunden wurde. Hier ist also sehr wohl in unserem Papier auf die Zumutbarkeit auch für die Mutter abgestellt. Die psychische Belastung wurde jedoch im Interesse des Kindeswohls bewußt in Kauf genommen, weil das Kindeswohl aufgrund des Erziehungs- und Bildungsanspruchs Vorrang hat.

Uns ist aus den eigenen Reihen der Lebenshilfe mitgeteilt worden, daß uns das Sorgerecht geistig behinderter Eltern mehr beschäftigen müsse und wir darüber noch genauer zu diskutieren hätten. Aber ich möchte deutlich darauf hinweisen, daß das Papier der Lebenshilfe – auch bei den Fallkonstellationen – in der Formulierung ganz restriktiv ist und nicht einfach den Automatismus von Erziehungsunfähigkeit und Sterilisation herstellt, sondern es wird zum Ausdruck gebracht, daß Bedingungen zu erfüllen sind, und nur wenn diese alle nicht erfüllt sind, kann man über Sterilisation diskutieren. Eingeschlossen ist auch die Frage: Was ist der Mutter zumutbar? Wenn dieser Automatismus hergestellt würde, dann wäre sozusagen auch automatisch die Tür für eine Sterilisation geöffnet. Dieses ist überhaupt nicht in der Intention der Verfasser dieses Papiers.

Wunder:
Diese Ausführung war mir leider schon in dieser Weise bekannt. Wenn man einen Text wie den der Lebenshilfe auf den „Markt" gibt, kann man hinterher natürlich argumentieren, daß es nicht umfassend sei, man habe nämlich in einem anderen Papier festgestellt, daß der Sorgerechtsentzug sehr individuell überprüft werden muß. Aber dieses Positionspapier wird anders verhandelt! Die Gefahr liegt darin, daß in dem Lebenshilfeentwurf[1], den ich nicht für einen Alternativentwurf halte, sondern für eine Präzisierung bis Ausweitung des Referentenentwurfs, wirklich steht: Eine Sterilisation soll an die Indikation der Erziehungsunfähigkeit gebunden sein. Ihre Erläuterungen sind von guten Motiven getragen, aber ich vermisse bei Ihnen und bei vielen Vertretern der Lebenshilfe ein Problembewußtsein darüber, was diese Formulierungen anrichten.

Krebs:
Ich muß das zurückweisen. Die Lebenshilfe hat bewußt keinen Gesetzentwurf gemacht, sondern ein Positionspapier. Wir haben versucht, den strittigen Punkt

---

[1] Stellungnahme der Bundesvereinigung Lebenshilfe für geistig Behinderte e. V. zur Sterilisation einwilligungsunfähiger Menschen: § 1905 des Diskussions-Teilentwurfs eines Betreuungsgesetzes (Bundesministerium für Justiz). Marburg 1988.

bezüglich des Schwangerschaftsabbruchs noch einmal etwas zu verdeutlichen, aber nicht im Sinne einer Gesetzesformulierung.

Wunder:
Ich glaube, es würden sich viele freuen, wenn Sie die Stellungnahme der Bundesvereinigung Lebenshilfe zurückziehen könnten. Darin steht: „Gesetzesvorschlag der Bundesvereinigung Lebenshilfe für geistig Behinderte zur Regelung der Sterilisation einwilligungsunfähiger Menschen § 1905 BGB-Entwurf (Betreuungsgesetz)". Die Formulierung ist fast wortgleich mit dem Referentenentwurf und heißt in der jetzt hier strittigen Formulierung: „In eine Sterilisation des Betreuten, in die dieser nicht einwilligen kann, kann der Betreuer nur einwilligen, wenn ...", und dann folgen 6 statt 5 Punkte.
  Der 6. heißt: „... wenn anzunehmen ist, daß ein Abbruch der Schwangerschaft gemäß § 218a Abs. 1 StGB nicht strafbar wäre oder daß der einwilligungsunfähige Betreute aufgrund des Schweregrades der Behinderung, die der Einwilligungsunfähigkeit zugrunde liegt, zur Pflege und Erziehung eines Kindes unfähig wäre ..." Deshalb habe ich heute morgen in meinem Beitrag bewertet: Sie nehmen von § 218a lediglich die medizinische Indikation, die eugenische lassen Sie – Gott sei Dank – weg, und die soziale Indikation rationalisieren Sie in eine eigene Formulierung, nämlich genau in diese.

Müller-Erichsen:
Ich habe an dem Papier mitgearbeitet und denke, daß wir irgendwann einmal einen Punkt gemacht haben und uns einig waren, daß wir nichts Endgültiges formuliert haben. Für mich ist es heute schon so, daß ich mit meinem heutigen Wissensstand anders formulieren würde. Es ist einfach die Situation, in der wir uns zur Zeit befinden, daß wir immer neu lernen müssen. Herr Krebs wird mir recht geben: Damit ist für uns die Diskussion an diesem Punkt nicht beendet.
  Natürlich steht darüber: Gesetzesentwurf. Aber da steht ganz eindeutig: für Einwilligungsunfähige. Wir haben die ganz stark Behinderten damit gemeint, nicht die, die sich nonverbal ausdrücken können, die einen Freund oder eine Freundin haben. Wir merken auch in der Lebenshilfe immer wieder, daß das durcheinandergeht, daß manche von den Einwilligungsunfähigen reden und manche von allen Behinderten.
  Herr Wolf, Sie sagten: „Die Rechte sind alle da, die braucht man nicht zu erstreiten." Aber wir als Eltern erleben das nicht, daß die Rechte für unsere behinderten Söhne und Töchter da sind. Wir erleben, daß ihre Defizite hervorgehoben werden, daß sie abgelehnt werden von der Gesellschaft, daß sie von Ärzten sehr negativ beurteilt werden. Sie müssen verstehen, daß es schlimm für mich war, das von Ihnen zu hören. Wenn ich dann die Behinderten selbst sehe, kann ich auch nicht erkennen, daß sie alle Rechte haben. Sie können selten entscheiden, in welche Schule sie gehen wollen, sie können nicht entscheiden, eine Berufsausbildung zu machen, weil es kaum eine für sie gibt. Sie können auch nicht locker entscheiden, zu Hause auszuziehen und mit der Freundin in eine andere Wohnung einzuziehen. Das ist für sie alles nicht möglich. Insofern bin ich etwas mißtrauisch, wenn Sie sagen: Wir wollen doch nur das Beste und Gute für die Behinderten, sie haben diese Rechte.

Ich kann das nicht in Einklang bringen, daß Behinderte das Recht haben, Kinder zu kriegen, und auf der anderen Seite bemühen wir uns, daß Behinderte nicht auf die Welt kommen. Das geht nicht in meinem Kopf hinein. Deswegen muß ich nachfragen und muß auch die Vertreter der Ministerien daran erinnern, wie schwierig das für uns Eltern ist. Ich weiß, daß von Staats wegen Forschungsprojekte laufen, damit Behinderte nicht auf die Welt kommen. Das muß man einmal auf den Tisch legen.

Keinath-Vogel:
Je mehr man versucht, gute Gründe zu finden, doch in dem einen oder anderen Fall eine Sterilisation ohne Einwilligung für möglich zu halten, desto mehr verstrickt man sich in Widersprüche. Ich denke, es besteht ein Konsens darüber, was in der Begründung des Entwurfs oder des Vorentwurfs steht: daß die Berücksichtigung von Drittinteressen radikal nicht in Frage kommt. Wenn Sie, Herr Krebs, über das Kind nachdenken, das nicht in einer Familie wird aufwachsen können, das Kind, das einer gleichgültigen Mutter gegenübersteht, wenn das Kindeswohl dann doch in den Überlegungen Vorrang vor dem Wohl der Mutter hat, dann geschieht genau das, daß hier die Interessen des noch gar nicht entstandenen Kindes zur Begründung einer Sterilisationsmöglichkeit herangezogen werden. Man kann fast an allen Einzelbeispielen zeigen, daß wir an die emotionale wie auch die soziale Leistungsfähigkeit von Behinderten Anforderungen stellen, die wir im ganzen übrigen Leben allenfalls idealtypisch äußern, aber niemals „bestrafen", wenn sie nicht geleistet werden. Wenn wir uns das einmal klar machen, wer eigentlich von uns diese Anforderungen erfüllt, nicht gleichgültig zu sein, nicht in die Gefahr zu kommen, mehrere Schwangerschaftsabbrüche machen zu müssen, sich immer ausreichend um Kinder zu kümmern, dann fällt uns allen doch Selbstversagen bei uns ein, aber auch bei vielen anderen. Und dann frage ich mich: Wohin eigentlich wird die Sterilisationsregelung einmal ausdehnbar sein, wenn man erst einmal die Tür einen kleinen Spalt zu solchen Überlegungen aufmacht?

Hendricks:
Ich bin Vater einer 16jährigen Tochter mit geistiger Behinderung. Ich habe möglicherweise falsche Erwartungen an diese Tagung gehabt, denn ich ging eigentlich von ihrem Thema „Partnerschaft und Sexualität bei geistig Behinderten" aus. Was ich bisher zu diesem ziemlich umfassenden Thema gehört habe, ist eine starke Verengung auf den Bereich Sterilisation. Ich finde es eigentlich schade, wenn z. B. zur historischen Dimension des neuen Betreuungsgesetzes nur der Sterilisationsbereich angesprochen wird und nicht dargestellt wird, daß durch das neue Gesetz im Gegensatz zu früher, wo die Gesellschaft vor den Behinderten geschützt werden sollte, jetzt der Behinderte vor der Gesellschaft geschützt werden soll – eine wichtige historische Dimension, meine ich. Von daher meine ich, daß wir als Eltern Anspruch darauf haben, daß wirklich über Partnerschaft und Sexualität bei geistig Behinderten gesprochen wird, Möglichkeiten genannt werden, wie verfahren werden kann. Gerade die Lebenshilfe als Interessenvertretung der geistig Behinderten hat die Aufgabe, Perspektiven zu Sexualität und Partnerschaft zu entwickeln, zu begleiten, Möglichkeiten einzuräumen.

Kaemmerer:
Wir haben bei Pro Familia ebenfalls die Erfahrung gemacht, daß man mit vielen, auch geistig schwerer behinderten Menschen in eine Diskussion treten kann, so wie sie es verstehen und können. Das muß nicht immer alles verbal geschehen. Es sind durchaus auch viele bereit, sich sterilisieren zu lassen, viele haben sehr wohl eine Einsicht, daß sie vielleicht ein Kind nicht aufziehen können und wollen es manchmal auch gar nicht. Das ist allerdings ein längerer Prozeß. Ich denke, solche Prozesse werden jetzt unglaublich abgeschnitten, wenn dieses Gesetz kommt, das Zwänge setzt und das alle Diskussionen, die in Gang gekommen sind, zuschüttet. Herr Wolf, Sie haben ganz recht, wenn Sie ausführen, dieses Gesetz habe schon deshalb einen Wert, weil unglaublich viel Diskussion in Gang gekommen ist. Aber jetzt wird diese Diskussion abgebrochen. Das Ganze wird nicht im Rahmen von familienpolitischen Maßnahmen diskutiert. In diesem sozialen Feld, in dem Gelder gestrichen werden, möchte ich nicht sehen, wo die Behinderten bleiben. Wenn es möglich ist, jährlich 200 bis 300 Millionen DM zur Verfügung zu stellen, warum werden sie nicht für Wohnungen für geistig Behinderte zur Verfügung gestellt, die es enorm schwer haben, besonders diejenigen, die aus dem Heim herauskommen können? Dann wäre auch etwas mehr in Richtung Sexualität möglich oder für die sexualpädagogische Begleitung. Ich habe die ganz große Befürchtung: Wenn dieses Gesetz durchgeht, dann läuft keine Diskussion mehr, dann wird ein Automatismus in Gang gesetzt. Sie muten einem Betreuer, der hinzugezogen wird und eine Beurteilung abgeben soll, unheimlich viel zu. Warum soll das dann besser laufen, als es bisher gelaufen ist? Das heißt also, wieder sollen mit juristischer Verfahrensregelung sozialpolitische Probleme gelöst werden. Das halte ich für fatal.

Wolf:
Es ist ein berechtigter Vorwurf, daß soziale Probleme mit den Mitteln der Rechtsordnung gelöst werden müssen, daß es sich hier um Stellvertreterprobleme handelt, daß der Ausgangspunkt der gesamten Gesetzgebung nicht die Zuwendung zum Menschen war, als 1900 dieses Gesetz in Kraft trat, sondern die ganze Problematik von Entmündigung, Vormundschaft und Pflegschaft drehte sich ganz allein um das Vermögen. So ist das geltende Recht. Der Ansatz der Arbeitsgruppe und des Referentenentwurfs ist ja gerade, daß wir uns in einer Gesellschaft, die sich den menschlichen Problemen stärker zuwendet als dem Besitz, auch um das andere kümmern müssen. Die Frage ist: Kann man dieses überhaupt mit juristischen Mitteln tun? Da geraten wir Juristen immer in einen entsetzlichen Rechtfertigungszwang, weil wir in nüchterne kurze Sätze etwas einbinden müssen, was einen großen sozialen Hintergrund hat, weil wir jemanden benennen müssen, der über andere bestimmt, und ein Gericht bestimmen müssen, das entscheidet. Das Ganze gerät dann in diese Unpersönlichkeit juristischer Technik und Routine. Das ist alles richtig. Aber wo liegt die Alternative? Wenn gesagt wurde, das solle im sozialen Bereich mitgeregelt werden, dann geht das das Bundesarbeitsministerium oder das Bundesfamilienministerium an. Aber unser Staat handelt wegen des weiten Gesetzgebungsvorbehalts, der im Grundgesetz steht, im wesentlichen durch Gesetze, also mit juristischen Methoden. Das macht es manchmal auch so schwer, Formulierungen wie den § 1905 oder auch andere richtig im gesamten Rechtsgefüge zu verstehen. Wir müssen auch, was manchmal sehr schwierig ist, neues Recht in das schon bestehende Recht

einformulieren. Da komme ich noch einmal auf den § 218a. Wenn von einem Gesetzgebungsverfahren die Schaffung der heilen Welt verlangt wird, ist der juristische Apparat entschieden überfordert.

Es ist ein Problem, daß bei großen Städten und bei großen Kreisen ein Vormund 300 Mündel hat. Also kümmert sich niemand um diese Menschen. Dies ist ein Aspekt, den wir in einem Gesetz anpacken können. Ich hoffe, daß wir mit unserem Vorschlag, der in der Tat in vielen Bereichen hier leider nicht zur Sprache kommt, anregen, daß auch in anderen Bereichen etwas geschieht, z. B. bei der Unterhaltspflicht von Großeltern für behinderte Kinder, bei den Freibeträgen für Eltern mit behinderten Kindern, bei der Förderung von sozialen Einrichtungen. Man kann das Justizministerium nur im Rahmen seiner Zuständigkeiten ansprechen. Bei der Finanzierung sind wir an harte verfassungsrechtliche Grenzen geraten. Eigentlich dürften wir das schon gar nicht mehr tun, was wir tun.

Barwig:
Herr Hendricks, Sie hatten zur Tagungsanlage die Kritik angemeldet, daß Sie unter dem Thema „Partnerschaft und Sexualität geistig Behinderter" andere Vorstellungen haben als die Engführung auf Sterilisation hin. Sicher ist es die aktuelle Situation, auf die wir uns einlassen – der Referentenentwurf liegt jetzt vor. Ich hoffe natürlich, daß wir durch die Breite der Arbeitsgruppen das Thema wieder in die richtige Dimension hineinbringen. Aber Ihre Kritik ist sicherlich berechtigt.

Wunder:
Warum flutscht das Thema „Partnerschaft und Sexualität" – nicht nur hier, sondern auch in anderen öffentlichen Diskussionen – sofort weg zur Sterilisationsfrage? Das ist nicht so schnell zu analysieren. Aber es gibt Vergleichbares, z. B. in der Psychiatriediskussion, wo ebenfalls die Vorlage eines Gesetzes, in dem Fall z. B. von Unterbringungs- und Maßregelvollzugsgesetzen, erst eine öffentliche Diskussion über Menschenrechte in bezug auf Unterbringung ermöglicht hat. Unter Umständen kann man es einmal von der anderen Seite sehen: Wenn es schon so schwierig ist, Partnerschaft und Sexualität geistig behinderter Menschen breit zu diskutieren, wenn wir im Augenblick fast nur im Hinblick auf Paragraphen diskutieren, kann man darin auch eine Chance sehen. Ich finde, teilweise geht es im Grunde bei diesen Diskussionen gar nicht um den Gesetzentwurf, sondern um das Menschenbild, das wir in dieser Gesellschaft haben. Die Frage der Hilfen für geistig behinderte Eltern und ihre Kinder wird ein ganz breites Thema der kommenden Jahre sein, nämlich bei der Novellierung des Jugendhilfegesetzes. Hinter der Fragestellung der Sterilisation steht: Wie gehen wir mit dem Kinderwunsch geistig behinderter Eltern um, und wie stehen wir zu geistig behinderten Kindern? Diese Fragen zu beantworten ist die Chance dieser Diskussion.

Ich denke, man kommt nur weiter, wenn das Ergebnis lautet: Ja, behinderte Kinder sind willkommen in dieser Gesellschaft! Diese Diskussion ist notwendig, weil es mittlerweile nicht nur in der Bundesrepublik, sondern auf EG-Ebene Forschungsprojekte in der Gentechnologie gibt, die über die Genomanalyse Wissen zur Verfügung stellen werden, wie behinderter Nachwuchs verhütet werden kann. Dies ist genau wieder der Ausgangspunkt von 1933 und davor. Deshalb wäre eine solche

Diskussion über das Menschenbild die Chance auch dieser etwas mißlichen Gesetzesdiskussion.

Krebs:
Ich betone noch einmal, daß wir von der Lebenshilfe immer erklärt haben: Wir befinden uns in der Diskussion und nicht in einem abschließenden Verfahren.

Zu dem Vorwurf, das Gesetz enge die Diskussion ein, die Diskussion werde abgebrochen: Seit vielen Jahren höre ich in Elternberatungen und bei Elternabenden, daß wir eine Regelung brauchen, die die Dinge aus der Grauzone holt, transparent macht und zu Begründungen zwingt. Das will auch der Regierungsentwurf. Ein völliges Verbot der Sterilisation treibt nach meinem Dafürhalten auf der einen Seite in die Abtreibung, auf der anderen Seite irgendwie in den Untergrund. Wir müssen doch davon ausgehen, wie die Menschen sind und wie sie handeln. Mein Ansatz ist nach wie vor, Transparenz zu erreichen und zur Begründung zu zwingen; mit dieser Regelung ist jeder, der handeln will, gezwungen, dieses Verfahren in Gang zu setzen. Das andere ist, daß dieses Verfahren auch dazu zwingt, Situationen und Argumente offenzulegen. Ich weiß, daß vielleicht ein Gegenargument kommt in der Richtung: Wenn wir ein völliges Verbot machen, hätten wir diesen Zwang auch. Darin habe ich meine größten Zweifel, so wie das auch schon bei dem jetzt nicht mehr diskutierten Vorschlag eines Moratoriums war. Ich vertraue nicht ganz auf die idealistische Einstellung von uns Menschen – ich will jetzt keinem etwas unterstellen –, daß wir aus irgendeiner Situation heraus, die uns nicht sehr konkret festlegt, anfangen, alle möglichen kreativen anderen Lösungen zu finden.

Das Menschenbild macht uns enorm Sorge in der Lebenshilfe. Das geht aus unserem Papier hervor. Wir haben im kommenden Jahr eine internationale Bioethiktagung. Wir wollen die Konfrontation. Weltweit diskutieren wir ja längst, ob man behinderte Kinder abtreiben darf, weil sie nicht ausreichend kommunikationsfähig sein werden. Dazu werden viele Kriterien aufgestellt, siehe die in der praktischen Ethik von Herrn Singer aus Australien, den wir eingeladen hatten, wo es ganz klar heißt, daß unter Umständen Tiere, die ja so viel Kommunikationsfähigkeit hätten, eher ein Recht auf den Schutz ihres Lebens haben als behinderte Kinder. Wir sollten also bitte nicht so diskutieren, als sähen wir die Gefährdung des Menschenbildes nicht. Ganz im Gegenteil.

Die Gentechnologie ist von immer brennender werdender Problematik, die wir auch aufgreifen müssen. In der Medizin wurde über Jahrzehnte als Ideal dargestellt, möglichst primärpräventiv zu handeln. Aber je mehr technische Möglichkeiten wir haben, desto fragwürdiger wird dieses Ideal, weil es uns in ethische Konflikte bringt, u. a. von der Gesellschaft her unter den Druck setzt, etwas zu tun, damit sie nicht mehr für das behinderte Kind zu bezahlen braucht, das mit erweiterten primärpräventiven Mitteln nicht zur Welt gekommen wäre. Ich sage das jetzt nur, um zu verdeutlichen, daß wir nicht so naiv sind und einen Teilbereich herauspicken und den Zusammenhang nicht sehen würden.

Habiger:
Müssen *wir* primärpräventiv arbeiten oder ist es nicht auch ein Stück weit unsere Aufgabe, die behinderten Menschen im Rahmen ihrer Möglichkeiten dazu zu befähigen, selbst primärpräventiv tätig zu werden?

Walter:
Vor 10-12 Jahren, in der eigenen Behindertenarbeit in der Gustav-Werner-Stiftung in Reutlingen, wurde mir am Beispiel der Sexualität dieser Menschen klar, wie sehr sie von unserer eigenen Toleranzbreite abhängig sind. Was wir uns denken können, läuft auch bei ihnen; was wir uns nicht denken können, wird nicht zugelassen. Für mich war das Thema Sexualität – und seither läßt es mich nicht mehr los – der Fokus des Modells des Menschenbildes von geistiger Behinderung, der Konzeptionen von Arbeit mit geistig Behinderten. Am Beispiel der Sexualität konnte ich am deutlichsten nachweisen, was alles schiefläuft in der Arbeit mit geistig Behinderten. In der Tagung geht es mir jetzt in der Zuspitzung ähnlich. Am Beispiel dieses § 1905 meine ich aufzeigen zu können – Herr Wunder hat es gerade ähnlich formuliert, ich möchte es nur noch einmal unterstreichen –, was sich da alles in punkto Sexualität und Partnerschaft zuspitzt. Ich denke, es wäre sehr gefährlich, wenn wir nicht zur Kenntnis nähmen, was aktuell in Bonn passiert, und nur sagten: Macht ihr mal da oben, wir kümmern uns darum, wie eine solche Wohngruppe vor Ort aussehen soll. Ich glaube, wir haben es genügend zugespitzt. Die Arbeitsgruppen sollten das Thema dann wieder breiter diskutieren.

Mohr:
Alle, die unzufrieden sind mit dem bisherigen Verlauf, sollten wissen, wie wir eine solche Tagung konzipieren. Wenn wir Sie 2 Tage nach Bad Boll einladen, dann besteht eine solche Tagung aus 2 Teilen: aus den Referaten am Anfang und den Arbeitsgruppen. Ich habe große Erwartungen und Hoffnungen an diese Arbeitsgruppen, und ich möchte Ihnen Mut machen, mit Ihrer Enttäuschung in die Arbeitsgruppen zu gehen, Erfahrungen auszutauschen und aus der Enttäuschung eine neue Hoffnung werden zu lassen.

Berichte der Arbeitsgruppen

Arbeitsgruppe 1:
Wie wir wohnen und leben möchten – geistig behinderte Menschen tauschen ihre Erfahrungen aus und nennen ihre Wünsche

Berichterstatter: B. Eberle, N. Merz

Merz:
Ich bin als Pförtner einer Behinderteneinrichtung tätig und freue mich, heute als Betroffener zu Ihnen sprechen zu dürfen.

Wir sind zu der Auffassung gekommen, daß es noch mehr Aufklärung für die Behinderten selbst bedarf, damit sie noch stärker in die Gesellschaft integriert werden können. Wir selbst leben eigentlich in unseren Wohnheimen friedlicher, ehrlicher und glücklicher zusammen als Sie draußen als Nichtbehinderte. Es gibt viele geistig behinderte Menschen, an die auf dieser Tagung ja vor allem gedacht ist. Darüber hinaus sind auch die Körperbehinderten nicht zu vergessen, die Rollstuhlfahrer und andere. Die müssen auch einmal ins Bewußtsein gebracht werden.

Es ist in den letzten beiden Tagen hier viel gesprochen worden, und es ist unser Wunsch, daß das, was hier gesagt wurde, auch weiterhin in der Öffentlichkeit diskutiert wird und nicht nach der Abreise von hier in irgend einer Schublade verschwindet. Was wir damit sagen wollen ist, daß nicht nur geredet, sondern mehr gehandelt wird und dann auch einmal Erfolge sichtbar werden.

Eberle:
Ich möchte als Betreuerin an die Forderung „weniger reden, mehr handeln" anschließen und den Wunsch weitergeben, daß die Gleichberechtigung von Menschen mit geistiger Behinderung nicht mit dem Dienstschluß in der Werkstatt endet. Es fiel der Satz: „Die Profis tragen nach Dienstschluß die Nase zehn Zentimeter höher." Vielleicht könnten wir uns an der Nase packen und sie zehn Zentimeter herunternehmen.

Der nächste Wunsch war, daß behinderte Menschen mehr Möglichkeiten bekommen, stadtnahe Wohnungen zu beziehen. Dies hätte den Vorteil, daß ihr Einkauf, ihr Vereinsleben, ihre Hobbys mehr Raum bekämen. Wenn die Wohnungen zu weit von der Stadt entfernt sind, werden natürlich auch die Freizeitangebote sehr eingeschränkt.

Unsere Wünsche möchte ich mit etwas abschließen, was mich sehr nachdenklich gestimmt hat. Der letzte Satz eines behinderten Gesprächsteilnehmers gestern abend war: „Trotz Angebot im Plenum fragte bei uns keiner nach. Wir haben angeboten, über unsere Partnerschaft zu reden. Aus dem gesamten Plenum kam in der großen Arbeitsgruppe keine Nachfrage." Daraus möchte ich für mich und für uns schließen mit der letzten Forderung, die gestellt wurde: „Nehmt uns doch ernster als bisher!" Geistig behinderte Menschen, behinderte Menschen überhaupt, brauchen es, daß wir sie ernster nehmen als bisher.

Arbeitsgruppe 2:
Sexualpädagogik als Begleitung heranwachsender geistig Behinderter

Berichterstatter: K. Quilitz, H. Lempp

Quilitz:
Zunächst stellten sich die Gruppenmitglieder mit ihrem Arbeitsbereich und ihren Interessen im Bereich der Sexualpädagogik vor. Es wurde deutlich, daß ein unmittelbarer Zusammenhang zwischen der Gesamtkonzeption einer Einrichtung und dem sozialpädagogischen Bereich besteht. Es ist beides nicht voneinander getrennt zu sehen. Wir wollten deshalb zuerst über die Mitarbeiterschulung sprechen. Dabei ergaben sich folgende Fragen: Wie gehe ich mit meiner eigenen Sexualität um? Wie sieht jeder seine Sexualität? Wie gesteht er Sexualität den Behinderten zu? Wie wird darüber gesprochen?

Wir haben festgestellt, daß es in den einzelnen Einrichtungen für geistig behinderte Menschen auch heute noch unterschiedliche Meinungen zu der Frage gibt: Hat der Behinderte ein Recht auf Sexualität? Zusätzliche Probleme ergeben sich im Umgang mit der älteren Elterngeneration. Sie hat Schwierigkeiten, mit diesem Begriff umzugehen.

Wir haben weiterhin gesagt, daß das Ausleben der Sexualität etwas mit dem Erwachsensein zu tun hat. Erwachsensein bedeutet für mich Selbstentscheidung, Unabhängigkeit, Eigenverantwortlichkeit und Akzeptanz meiner eigenen Person. Ich selbst bin bereit, mir ein individuelles Erwachsensein zuzugestehen. Dies sollte ich auch dem Behinderten zugestehen. Es gibt also einen Leitbegriff von Erwachsensein; ich sollte mich jedoch davor hüten, ihn dem Behinderten überzustülpen. Gleiches gilt für die Leitbegriffe bei Sexualität, bei Partnerschaft und bei der Ehe. Bei der Diskussion dieser Fragen sollten die Mitarbeiter zu einem Konsens kommen, damit den Behinderten gegenüber eine einheitliche Haltung gegeben ist.

Wir haben dann gemeinsam mit der anderen Gruppe eine Sequenz aus dem Film „Sie bleiben nicht immer Kinder" gesehen. In diesem Film war eine Sozialpädagogin in Schweden geistig Behinderten dabei behilflich, ihren eigenen Körper kennenzulernen. Wichtig war dabei die Begriffsfindung. Wir haben festgestellt, daß aufklärende Gespräche hierüber von der Bezugsperson gesteuert werden sollten und daß es nicht günstig ist, abzuwarten, bis sich eine Gelegenheit ergibt.

Anschließend haben wir Einzelfragen diskutiert, zum Beispiel: Welche Rechte und Möglichkeiten hat der Betreuer im Zusammenhang mit der Masturbation? Oder: Wie verhält sich der Betreuer, wenn homosexuelle Gewaltanwendung bei geistig behinderten Jugendlichen vorkommt? Dann ging es um gleichgeschlechtliche Zärtlichkeiten, die nicht immer homosexuell sein müssen, denn wir haben gemerkt, daß es oft unsere eigenen Phantasien sind, die uns glauben lassen, diese Zärtlichkeiten seien homosexuell. Gerade bei Schwerstbehinderten erkennt man oft Schwierigkeiten, geschlechtsspezifische Merkmale zuzuordnen.

Lempp:
Als die Bedürfnisse der Gruppenteilnehmer in diesem Gespräch haben sich 2 Schwerpunkte herausgestellt: der eine, Hilfestellungen zu bekommen und motiviert

zu werden dafür, daß in den Einrichtungen zuerst einmal örtlich, zeitlich und institutionell Raum für sexualpädagogische Bemühungen geschaffen wird; der andere war das Interesse daran, praktische Schritte kennenzulernen, wie Aufklärung im weitesten Sinne geistig Behinderten vermittelt werden kann.

Wir kamen wie in der anderen Teilgruppe rasch auf die Notwendigkeit, daß zuerst einmal im Mitarbeiterteam ein einheitliches Konzept zur Sozialpädagogik erarbeitet werden muß, was oft sehr schwierig ist, aber als Grundvoraussetzung für einen sinnvollen Umgang mit Sexualität in den Wohngruppen angesehen wurde. Es dürfen nicht Fragen, Handlungen oder Äußerungen von Heimbewohnern „von der Frühschicht akzeptiert und von der Spätschicht verboten werden". Das ist zugespitzt vielleicht besonders schwierig bei sogenannten Notfallsituationen, wie sie von einer Teilnehmerin geschildert worden sind, wenn es zu nicht voraussehbaren sexuellen Kontakten zwischen Gruppenmitgliedern kommt, die dann unter der Gefahr stehen könnten, daß eine Frau schwanger wird.

Ausgehend von dem schon zitierten Filmausschnitt haben wir dann verschiedene Möglichkeiten zum Gesprächseinstieg mit Behinderten erörtert. Aber uns wurde in diesem Zusammenhang schnell klar, daß Gespräche über die biologische Tatsache, daß, wie es im Film hieß, „jeder einen Vater und eine Mutter hat", bei Heimbewohnern rasch große Bedeutung haben für die persönliche Identitätsfindung, weil wir ja in Heimen oft mit Menschen zu tun haben, die ihre Eltern wenig oder überhaupt nicht kennen.

Mit einer Übung zur Körperwahrnehmung und mit einer Meditation, wie es ist, verliebt zu sein, lernten wir mit großem Gewinn zwei nichtkognitive Einstiegsmöglichkeiten ins Thema „Körper und Liebe" kennen.

88 Berichte der Arbeitsgruppen

Arbeitsgruppe 3:
Zusammenleben von geistig behinderten Paaren ermöglichen oder verhindern?
Segen oder Greuel?
Erfahrungen und Konzepte kirchlicher Heime

Berichterstatterin: J. Rautenstrauch

Zunächst muß ich darauf hinweisen, daß unsere Diskussion recht sprunghaft war und eine zusammenfassende Darstellung Schwierigkeiten macht. Das Gespräch umkreiste 3 Themenbereiche:

1) die Realisierbarkeit der sexuellen Bedürfnisse geistig Behinderter in den verschiedenen Einrichtungen,
2) die Frage des Kinderwunsches,
3) die Rolle des Behinderten in unserer Gesellschaft.

Zur Realisierbarkeit der sexuellen Bedürfnisse wurde geäußert, daß gewisse Rahmenbedingungen v. a. räumlicher Art benötig werden, um den Behinderten in den Heimen die Möglichkeit des Zurückziehens, der Intimität allein oder zu zweit überhaupt zu ermöglichen. Einige Modelleinrichtungen scheinen diese Voraussetzungen zu erfüllen, andere noch nicht. Es wurde darauf hingewiesen, daß zum jetzigen Zeitpunkt die Anzahl der Behinderten, die eine Partnerschaft eingehen können und wollen, noch relativ gering ist und daß es daher in jeder Anstalt möglich sein müßte, für diese wenigen Pärchen die geeigneten Rahmenbedingungen zu schaffen.

Andere in unserer Gruppe hielten die Sexualität Behinderter auch heute teilweise für noch nicht „salonfähig" und wünschten sich, daß erst einmal die organisatorischen Grundvoraussetzungen dafür geschaffen werden. Insgesamt zeichnete sich in unserer Runde ein Unterschied zwischen Theorie und praktischer Erfahrung ab. Schwierigkeiten ergaben sich nicht nur durch die räumlichen Bedingungen, sondern auch z. B. durch konfessionelle Bindung von Betreuern. Inzwischen hat sich aber z. B. die Württembergische Evangelische Synode auch dahingehend geäußert, daß eine Liberalisierung in den Heimen ohne eine zweideutige moralische Bewertung von seiten des Arbeitgebers möglich ist, die ja mit Gewissensbissen für den Betreuer verbunden wäre.

Es wurde dann nochmals das in Alsterdorf praktizierte Treuegelöbnis (s. Anhang C, S. 116f.) angesprochen, das dann, wenn Paare es wünschen und wenn eine rechtmäßige Trauung nicht durchgeführt werden kann, angeboten wird. Es ist als eine stiftungsinterne Form der Absicherung einer Beziehung zu verstehen, die eine Stabilisierung und einen Schutz der Partnerschaft symbolisieren soll.

Zum Thema Kinderwunsch wurden Bedenken geäußert, ob Behinderte nicht mit der Elternschaft überfordert wären. Es wurde aber auch die Meinung geäußert, daß Elternschaft grundsätzlich zugelassen werden müsse, um überhaupt darüber sprechen zu können; die Würde des behinderten Menschen schließe auch die Elternschaft ein. Die Probleme der Elternschaft seien schließlich nicht mit dem IQ zu messen, auch gesunde Eltern nähmen Hilfen in Anspruch, z. B. durch Schulen. Es wurde betont, daß die Diskussion der Kinderfrage dafür sensibilisiere, daß Behinderte

Grundrechte haben und daß deren Anerkennung im Augenblick vielleicht ihr Hauptanliegen sei.

Die Mutter eines behinderten Kindes sagte, daß die Elternschaft eines Behinderten in der Realität die Probleme mit der Umgebung noch vergrößern könne, daß es wohl auf Unverständnis bei Mitmenschen, z. B. Nachbarn stoßen würde, wenn ein Behinderter auch noch ein Kind in die Welt setzt.

Dann wurde darauf aufmerksam gemacht, daß Partnerschaften zwangsläufig auch das Anstaltsleben verändern. Wir dürften nicht erwarten, daß Behinderte hier weniger Probleme hätten als Nichtbehinderte; wir müßten dann als Betreuer auch zulassen, daß solche Beziehungen scheitern, daß gestritten und geschlagen wird, so wie es bei Partnerschaften unter Nichtbehinderten schließlich auch vorkommt. Unser Anspruch, daß Behinderte sich immer besonders „gut" und besonders „richtig" verhalten müssen, ist problematisch.

Es tauchte die Frage auf, ob eine Einrichtung überhaupt eine behinderte Mutter mit einem Kind verkraften könne und ob es vertretbar sei, ein Kind unter relativ schwer Behinderten aufwachsen zu lassen. Die bisherige Praxis war es, Behinderten von Kindern abzuraten, und viele Betreuer haben auch Probleme, hier einen anderen Weg der Beratung einzuschlagen.

Ein wichtiger Gesichtspunkt wurde eingebracht, und zwar der, daß Lebenserfüllung ja nicht nur durch Kinder geschehen könne. Andererseits müsse man sich klar machen, daß für Behinderte die Möglichkeiten der Lebenserfüllung durch andere Bereiche als durch Kinder sehr eingeschränkt seien und daß es daher verständlich sei, daß dieser Wunsch oft einen breiten Raum einnimmt.

Zur Rolle der Behinderten in der Gesellschaft waren wir uns einig, daß die Akzeptanz Behinderter steigen muß. Herr Mondry wies darauf hin, daß es durch die starke Zunahme alter Menschen in naher Zukunft sehr viel mehr von uns geben wird, die im letzten Abschnitt ihres Lebens behindert, also auf Hilfen angewiesen sein werden. Wörtlich sagte er, und ich möchte das zitieren, weil das für uns einen Konsensus bedeutet hat: „Von der Geburt bis zum Tod ist jeder Mensch auf Hilfe angewiesen. Sünde ist es, dieses nicht zu akzeptieren." Wir müssen also daran denken, daß wir dann, wenn wir von Behinderung sprechen, auch von uns selbst sprechen. Wir dürfen die Abhängigkeit von Hilfen nicht einer bestimmten Gruppe zuschreiben und hier eine Polarisierung in Richtung Helfer – Hilflose betreiben, sondern wir müssen für Gegenseitigkeit und Interaktion sorgen.

Ein Problem wurde angesprochen, das mit dem Negativimage unserer Anstalten zusammenhängt. Einerseits erhöht dieses Negativimage die Spendenfreudigkeit der Bevölkerung – Stichwort „Aktion Sorgenkind" –, andererseits wünschen wir uns ein besseres Ansehen des Behinderten in der Gesellschaft, nicht nur als Sorgenkind. Hier klaffen wieder einmal Theorie und Praxis auseinander.

Übereinstimmung erreichten wir abschließend darin, daß jeder in der Gruppe die Begegnung mit Behinderten als Bereicherung empfunden hat. Nicht nur die Mütter behinderter Kinder erlebten ihre Mutterschaft positiv, sondern auch Betreuer gaben an, den Umgang mit Behinderten als persönliche Bereicherung zu erleben.

Arbeitsgruppe 4:
Erfahrungen mit Formen des Zusammenlebens – Paare, Wohngruppen, Kinder geistig behinderter Eltern

Berichterstatter: N. N.

1) Wie stehen wir zum Zusammenleben von Paaren? Die Diskussion dazu ging verhältnismäßig schnell. Es wurde nicht in Frage gestellt. Wir waren der Meinung, das müsse möglich sein. Aber wir haben auch gemerkt, daß wir in unserer Arbeit an sehr unterschiedlichen Punkten stehen und von daher unsere Einstellungen sicher noch geprägt sind.
2) Ausführlicher gehört haben wir dann von den Entwicklungen, v. a. in Alsterdorf. Das war eine Veränderung von unten: Die Mitarbeiterschaft hat sich zusammengetan. Sie hat das sehr offensiv getan und schließlich eine umfassende Veränderung erreicht, die nicht nur die Fragen der Partnerschaft betrifft, sondern die Heimsituation und auch die Finanzen einbezogen hat. Das bedeutete, daß fast die Hälfte der Menschen, die bisher in dem geschlossenen Anstaltssystem gelebt hatten, nun in Einrichtungen und Wohnungen außerhalb leben und die räumlichen Bedingungen in der Einrichtung besser sind. Wir haben festgestellt, daß es ein Gefälle gibt, was die Finanzen angeht. Jedenfalls ist es in Hamburg eher möglich, auf spezielle Wünsche und Bedürfnisse einzugehen, als wir das in Süddeutschland erleben.

In der Gruppe wurde von Erfahrungen mit Paaren berichtet. Wir hörten z. B. aus Hamburg, daß Menschen dort in flexiblen Wohngruppen und Wohngemeinschaften leben. Aus anderen Einrichtungen wurde berichtet, daß so etwas da gar nicht vorstellbar sei. In Hamburg reguliert sich vieles selbst, die behinderten Menschen können selber offenbar sehr genau einschätzen, wo sie auf Hilfe angewiesen sind und wo sie Freiheiten realisieren können; das muß nicht von oben vorgegeben werden. Es gab Berichte von anderen Einrichtungen, z. B. in Reutlingen, wo die Bewohner, für die ähnliches zutrifft, relativ fit sind.

Erfahrungen mit Paaren, die zu einer Gruppe zusammengeschlossen wurden, sind nicht gutgegangen: Es gab Spannungen zwischen den Interessen der Paare und den Gruppeninteressen. Auch die Erfahrungen in Hamburg sind ähnlich. Es ist eine Illusion, von den Paaren zu erwarten, daß sie noch viel in die Gruppe eingeben. Das ist eine falsche Erwartung, die an Familien, die in selbständigen Wohneinheiten leben, ja auch nicht gestellt wird – deren Verwirklichung geschieht auch zuerst einmal in der Familie. Es hat hin und wieder Schwierigkeiten gegeben, wo sich ein Paar fand, aber noch in der Gruppe lebte. Es gab Eifersuchten, weil andere ebenfalls gerne einen Partner hätten oder das Zusammenleben in Gruppenverbindlichkeiten nicht klappte.

Betreutes Wohnen von Paaren in unmittelbarer Nachbarschaft ist von der Erfahrung gekennzeichnet, daß es eine Hilfe ist, gerade auch für den Umgang mit der Freizeit, nicht völlig auf sich allein gestellt zu sein, zu wissen, da sind Nachbarn, denen es ähnlich geht, aber sonst in der Selbständigkeit der Partnerschaft zu leben. Zu diesem betreuten Wohnen gehört die Begleitung, die zumindest in Hamburg von der Personalausstattung her einen Besuch durch einen Mitarbeiter ermöglicht. Diese Begleitung geschieht im Sinne von Beratung. Berichtet wurde von Versuchen konzentrierter Paarbegleitung: Ein behindertes Paar nimmt eine Woche Urlaub und lebt tagsüber mit einem Mitarbeiter oder einer Mitarbeiterin zusammen; alle alltäglichen Dingen werden gemeinsam vollzogen und reflektiert. Die Versuche sind nicht in jedem Fall gelungen.

Es wurde aus verschiedenen Einrichtungen von Konflikten zwischen Mitarbeitern und Paaren berichtet, als die Paare ein überkommenes Rollenverhalten zeigten: Der Mann sitzt auf dem Sofa und wartet, daß die Frau ihm den Kaffee bringt. Die Reaktion der Paare: Laß uns das doch so machen, wie wir das wollen. Wir Mitarbeiter müssen also mit *unseren* Projektionen und Entwicklungen in Partnerschaften umgehen lernen.

Mitarbeiterinnen und Mitarbeiter erleben Konflikte oft dramatischer und länger als die behinderten Paare. Sie fanden relativ schnell wieder aus der Konfliktsituation heraus und lebten in Harmonie, während die Mitarbeiter sich immer noch Gedanken machten, wie der Konflikt zu lösen sei.

Ein Aspekt der Diskussion war der Umgang mit der Aufsichtspflicht. Wenn man sehr flexibel mit dem Ausgang umgeht, wenn alle Behinderten Hausschlüssel haben, bleibt ein Risiko, mit dem man aber offenbar leben kann. Nach den bisherigen Erfahrungen sind keine „Katastrophen" eingetreten.

Wir waren uns einig darin: Auch behinderte Menschen haben das Recht, Kinder zu bekommen. Auch für behinderte Menschen gilt, so wie wir es von uns weitgehend auch erwarten, daß überlegt wird, ob es in der konkreten Situation sinnvoll und realisierbar ist, ein Kind oder mehrere Kinder zu bekommen, und wie man damit umgehen kann. Aber uns war auch klar: Die Realität sieht anders aus.

Viele in der Mitarbeiterschaft haben noch erhebliche Schwierigkeiten mit dem Kinderwunsch Behinderter. Wir können es uns einfach nicht vorstellen und blockieren oft. Aber wir müssen bereit sein, uns mehr darauf einzulassen, mehr darüber nachzudenken. Es wurde von verschiedenen Beispielen berichtet, wo man praktikable, ganz unterschiedliche Lösungen gefunden hat. Vermißt haben wir Erfahrungen des Zusammenlebens mit älteren Kindern.

Festgestellt wurde, daß für behinderte Familien mit ihren Kindern bestimmte äußere Bedingungen gegeben sein müssen, daß sie nicht einfach in einer normalen Heimgruppe mit dem Kind leben können. Das ist für die Eltern, für die Kinder wie für die Mitarbeiter eine Zumutung. Richtig wäre eine Wohnung im Umfeld eines Heimes, so daß die Betreuung gewährleistet ist. In vielen Fällen scheitert das aber auch an den Finanzen. Die Betreuung läßt sich nicht finanzieren. Die Eltern der behinderten Eltern müssen in jedem Fall entlastet werden, die Probleme geistig behinderter Eltern mit ihrem Kind können nicht auf ihrem Rücken ausgetragen werden. Für mich erschreckend wurde noch einmal daran erinnert, daß das Problem im Augenblick in sehr vielen Fällen über Schwangerschaftsabbruch oder Adoption gelöst wird.

Wir beginnen erst damit, Sexualität in unseren Einrichtungen hoffähig zu machen. Wie wir mit dem Kinderwunsch umgehen und wie wir behinderten Familien mit ihren Kindern Lebensmöglichkeiten geben, ist der übernächste Schritt.

Aus der Diskussion

Müller-Erichsen:
Ich möchte hier noch den Bericht von einer jungen Frau wiedergeben, von der alle Mitarbeiter erwartet hatten, daß sie nicht fähig wäre, ein Kind zu erziehen. Sie bekam ein Kind und hat gezeigt, daß sie fähig ist, dieses Kind jetzt seit 2 Jahren zu betreuen. Sie wohnt in einem Reihenhaus, und keiner käme auf die Idee, daß sie eine geistig behinderte Frau ist. Sie kann ganz normal mit ihrem Kind umgehen. Die Mitarbeiter, die das begleiten und kennen, erleben das sehr positiv.

Voss:
Ich bin Heimleiter in einem Wohnheim für geistig behinderte Erwachsene. Wir haben auch Erfahrungen in der Betreuung eines Paares. Der Denkansatz von Alsterdorf ist folgender: Ein Paar hat den Wunsch zusammenzuziehen, und wir haben die Hilfen zur Verfügung zu stellen, gleichgültig, ob wir meinen, daß es zur Partnerschaft nicht in der Lage sei. Das war für mich ein neuer Denkansatz, den ich mit nach Hause nehme.

Lempp:
Mir wird es gerade nach den beiden letzten Wortmeldungen ein bißchen zu einfach. Wenn die Tagung noch zwei Tage weiterginge, entstünde der Eindruck, es gäbe keine geistig behinderten Menschen mehr. Ich möchte zwar selbstkritisch genug bleiben, um nicht von den schwerer Behinderten ausgehend die weniger schwer Behinderten in ihren Möglichkeiten zu beschneiden und ihnen Grenzen zu setzen, die für sie nicht notwendig sind. Ich möchte aber aus meiner Erfahrung vermitteln, daß die Menschen, die in Heimen wohnen, jedenfalls in Mariaberg, in den letzten Jahren zunehmend schwerer Behinderte sind. Gestern wurde von der Lebenshilfe berichtet: Vor 20 Jahren hat man gedacht, diese Menschen könnten nicht in die Schule, jetzt gehen sie in die Schule. Dann hat man angenommen, sie könnten nicht arbeiten, jetzt arbeiten sie. Man hat ihnen Sexualität aberkannt, jetzt erlauben wir sie ihnen, und sie werden Kinder kriegen – und dies wird auch gehen. Schön für die, bei denen es geht. Ich möchte davor warnen, daß wir die schwerer geistig Behinderten aus den Augen verlieren, und das werden in Mariaberg immer mehr. Wir haben immer mehr Menschen, die den Schritt zur WfB einfach nicht schaffen und bei denen die Frage Sexualität und Kinderbekommen tatsächlich nicht die Problemstellung ist.

Habiger:
Zu dem Beispiel von Frau Müller-Erichsen, das ich erzählt habe. Ein Teil des Teams unserer Einrichtung war der Auffassung, diese Frau sei nicht in der Lage, ihr Kind zu erziehen, nicht weil wir alle so engstirnig sind, sondern weil die äußeren Bedingungen im Umfeld dieser Frau so kritisch waren, daß alle, die sie begleitet haben, permanent „unter Strom" standen: Wird das funktionieren? Können wir das noch verantworten? Die Erfahrung war sehr positiv: Die eigene Kraft dieses Menschen entwickelt sich in der Auseinandersetzung mit einem Kind. Also Friede, Freude, Eierkuchen? Es gibt Probleme, auch soziale, auch heute noch. Das ist nicht alles heile Welt.

Bode:
Wenn es heute immer mehr Kinder gibt, die nicht mehr werkstattfähig sind, dann ist das für mich in erster Linie eine Kritik an der Werkstatt, die nicht mehr genug behindertengerechte Arbeitsplätze schafft. Das Niveau in den Behindertenwerkstätten wird immer höher, und sie müssen produzieren. Die Frage ist, ob das der richtige Ansatz ist.

Lempp:
Die WfB in Mariaberg versucht, den Menschen entgegenzukommen. Aber es sind einfach Menschen, die ihre Hände und ihren Kopf und ihre Beine nicht bewegen können, sie liegen in Rollstühlen von morgens bis abends. Diese Menschen gibt es auch. Natürlich kann man sagen, daß die WfB ein Angebot machen sollte. Sie versucht das auch. Das heißt dann: Förder- und Betreuungsgruppe. Wir sollten jedoch nicht mit Begriffen jonglieren. Aber das ist dann nicht mehr Arbeit als Teil der Persönlichkeitsfindung, wie man sie für andere, weniger stark Behinderte als Werkstattarbeit versteht.

Noack:
Wenn wir behinderten Eltern ihre Kinder wieder zusprechen wollen oder die Kinder bei ihnen lassen wollen, müssen wir die Vorstellungen, die wir hier entwickeln oder die in den Heimen und Einrichtungen entwickelt werden, insbesondere an die zuständigen Jugendämter weitergeben. Die Kollegen Sozialpädagogen und Sozialarbeiter im sozialen Dienst gehen dort mit Normen und Vorstellungen um, die u. U. bei der Zubilligung von Möglichkeiten, die solche Eltern durchaus noch haben, behindern könnten. Dieser drohende breite Graben müßte überbrückt werden. Ich empfehle deshalb den Dialog mit den Kollegen in den Jugendämtern.

94 Berichte der Arbeitsgruppen

Arbeitsgruppe 5:
Sterilisation und Schwangerschaftsverhütung – Indikationen und Problemstellungen

Berichterstatterin: K. Schlierer

Ich bin einerseits Sonderschullehrerin an einer Körperbehindertenschule in Ulm, andererseits Mutter einer geistig behinderten Adoptivtochter und sehe also die Problematik von beiden Seiten her.

Der Bericht gliedert sich in 5 Teile:

1) Was sagt das Gesetz zur Sterilisation geistig behinderter Menschen?
2) Wie ist der Personenkreis der geistig behinderten Menschen definiert?
3) Welche empfängnisverhütenden Maßnahmen kommen außer einer Sterilisation in Betracht?
4) Weitere Maßnahmen.
5) Was geschieht, wenn doch eine Schwangerschaft eingetreten ist?

1) Zivilrechtlich ist eine Sterilisation unstrittig als Heileingriff zu indizieren, wenn damit ein größerer Schaden für eine geistig behinderte Patientin verhütet werden kann, z. B. ein Kaiserschnitt und dessen Komplikationen. Es liegt dann eine medizinische Indikation vor, in der aber die sozialen, genetischen und juristischen Indikationen gleichwertig enthalten sind. In der Frage, wer die Einwilligung für die Sterilisation geben muß, lehnen die Gerichte zur Zeit eine Entscheidung ab. Sie beziehen sich damit auf ein Urteil des OLG Hamm. Damit ist rechtens, daß die Eltern eine stellvertretende Entscheidung für ihr geistig behindertes Kind treffen. Dagegen wird kein Staatsanwalt angehen. Strafrechtlich ist die Sterilisation allerdings nicht erlaubt. In der Praxis finden wir jedoch ein heimliches Handeln in der Grauzone bei undurchschaubaren Gründen. Daraus folgt, daß eine Klärung zwischen Zivil- und Strafrecht erfolgen muß, um Mißbräuche weitestgehend auszuschließen.

Zwischenbemerkung Reis:
Das Zivilrecht kann nicht etwas erlauben, was das Strafrecht verbietet – das geht in unserer Rechtsordnung überhaupt nicht. Was Frau Schlierer wiedergegeben hat, war eine Divergenz in der rechtlichen Beurteilung, die in der Arbeitsgruppe sichtbar geworden ist. Bei den Juristen ist immer alles streitig: 2 Juristen, 3 Meinungen.

2) Wie ist der Personenkreis der geistig behinderten Menschen definiert? Wenn es nach dem neuen Gesetzentwurf um Sterilisation geht, geht es immer auch um die Einsichtsfähigkeit des geistig behinderten Menschen. Einsichtsfähigkeit beinhaltet, Bedeutung und Tragweite der Sterilisation zu erfassen und sie danach mit eigenem Willen zu befürworten oder abzulehnen. Hierbei sind besonders die nur leichter geistig behinderten Frauen gefährdet, da sie oft für einsichts- und entscheidungsfähig gehalten werden, obwohl sie es tatsächlich nicht sind. Eine große Gefahr besteht darin, daß diese Frauen aufgrund ihrer meist bestehenden Entscheidungslabilität leicht der Beeinflussung durch andere, z. B. durch Betreuer und Gutachter ausgesetzt sind. Diese Gefahr soll dadurch verringert werden, daß der Kreis der geistig

behinderten Frauen, die tatsächlich für entscheidungsunfähig gehalten werden könnten, möglichst klein gehalten wird. Dabei muß man sehen, daß sich nicht alles gesetzlich regeln läßt. Deshalb muß jeder Fall individuell gelöst werden. Bisher sind kaum Fälle bekannt, in denen geistig behinderte Erwachsene ein Kind normal aufgezogen haben (nicht nur als Kleinkind, sondern bis hin zur Pubertät). Deshalb ist im Fall eines Kindes immer eine eingehende Betreuung nötig, bei der notfalls zum Wohl des Kindes auch gegen den Willen der Eltern entschieden werden muß.

3) Die Frage, welche empfängnisverhütenden Maßnahmen außer einer Sterilisation für geistig behinderte Menschen in Betracht kommen, ist für Ärzte oft sehr schwer zu entscheiden, da man die geistig behinderten Frauen häufig nicht genügend aufklären kann, wann welches Medikament warum genommen werden soll. Die Pille wird darum z. B. häufig mit Epilepsiemedikamenten zusammen gegeben, sozusagen „in einem Aufwasch", was aber nicht ganz unproblematisch ist, weil z. B. durch die Kombination von Pille und Rauchen und evtl. noch anderen Medikamenten Gefäßschäden auftreten könnten sowie spätere Hirnblutungen oder Trombosen.

Die „Dreimonatsspritze" ist bei uns zwar erlaubt, wurde aber für bedenklich gehalten, weil sie z. B. Trombosen, große Gewichtszunahme bei der Frau und lange Zwischenblutungen zur Folge haben kann. Danach wurde über das Fünfjahresimplantat „Norplant" diskutiert, ein Gelbkörperhormon. Es wurde als Verhütungsmittel für möglich gehalten, v. a. weil man es jederzeit wieder entfernen kann. Es ist aber noch nicht zugelassen, und auch über Nebenwirkungen ist noch nichts bekannt. Die Spirale kommt nicht in Frage, so hieß es, weil zu viele Eileiterschwangerschaften auftreten.

Es bleibt noch die Geschlechtertrennung in den Anstalten als empfängnisverhütende Maßnahme sowie der Schwangerschaftsabbruch – beides ist aber mit der Würde des Menschen unvereinbar. Deshalb soll durch das neue Gesetz angestrebt werden, daß geistig behinderte Frauen eher einer Sterilisation zustimmen sollen als einem Schwangerschaftsabbruch.

Kondome als Verhütungsmöglichkeit müssen mit der Aids-Problematik zusammen gesehen werden. Aids zwingt uns zu einer ganz anderen Sichtweise der Sexualität. Eine Aufklärung über die Benützung von Kondomen sowie über die Gefahr einer Aids-Infizierung kann sowohl über Gesundheitsämter als auch über Mitarbeiterkreise in Behinderteneinrichtungen geschehen. Die Lebenshilfe bringt dazu in nächster Zeit ein Aids-Leporello heraus. Die Benützung von Kondomen sollte von beiden geistig behinderten Partnern akzeptiert und beherrscht werden, um das Risiko einer Aids-Infizierung möglichst gering zu halten.

Aus der Diskussion[1]

Lempp:
Das Risiko der Dreimonatsspritze liegt v. a. im Krebsrisiko, wie Tierversuche gezeigt haben. Das halte ich für ein höheres Risiko als gelegentliche Zwischenblu-

---

[1] Es ergibt sich eine spontane Diskussion, in deren Folge die Berichterstattung der Teile 4 und 5 nicht mehr erfolgt.

tungen. Ich kenne das Präparat „Norplant" noch nicht, aber als ein Depotgestagen wirkt es sicher genauso wie die Dreimonatsspritze, die ja auch mit einem Depotgestagen arbeitet. Ich glaube nicht, daß sich das Problem dadurch wesentlich verschiebt. Ich möchte dafür plädieren, die Frage der Spirale in jedem Einzelfall ausführlich zu überlegen. Ich halte sie für eine ausgezeichnete Möglichkeit der Schwangerschaftsverhütung für behinderte Frauen. Das Problem ist, daß 10–15% der Frauen die Spirale nicht vertragen, die Spirale wieder ausgestoßen wird und es zu Entzündungen kommt. Aber das ist bei Behinderten und Nichtbehinderten gleich. 85% der Frauen vertragen die Spirale problemlos, sie kann jahrelang liegenbleiben. Ich möchte sehr dafür plädieren, die Spirale immer eingehend in die Überlegung einzubeziehen.

Schäfer:
Wichtig ist, daß manche Epilepsiemedikamente die Eigenschaft haben, die Abbauleistung der Leber „anzukurbeln", so daß damit auch die Hormone, die zur Schwangerschaftsverhütung mit der Pille verabreicht werden, vermehrt und schneller abgebaut werden. Unter Umständen ist dadurch eine Frau, die die Pille nimmt und sich geschützt wähnt, in Wirklichkeit gar nicht geschützt, weil das gleichzeitig eingenommene Epilepsiemedikament dafür sorgt, daß der notwendige Hormonspiegel im Blut gar nicht erreicht wird.

Habiger:
Mir fiel auf, daß im Zusammenhang mit der Verhütung bei behinderten Frauen sehr stark über die gesundheitlichen und sonstigen Schwierigkeiten nachgedacht wird, während die einschlägigen Verhütungsmittel ja für den „Rest" der Frauen in Deutschland verwendet werden. Ich frage mich: Sind behinderte Frauen stärker gefährdet, oder warum ist die Sache da nachdenkenswerter als bei anderen Frauen?

Wunder:
Die „Kondomdiskussion" ist nach meiner Erinnerung in der Arbeitsgruppe nicht im Zusammenhang mit Aids geführt worden. Wir haben festgestellt, daß sie jetzt über diese Schiene auf uns zukommt, aber sie war eigentlich ein Denkanstoß, daß man die leidige Sterilisationsdebatte auch einmal von der Seite her sehen könnte, daß das Verhütungsproblem vielleicht auch einmal das Problem der Männer werden könnte. Es waren mehrere Gesprächsteilnehmer etwas traurig darüber, daß die Kondomdiskussion bisher nur über die Aids-Prophylaxe geführt wird.
  Die Nebenwirkungen von „Norplant" sind bislang überhaupt nicht erforscht. Die Einwilligungsproblematik ist hier genauso zu bewerten wie bei einer Sterilisation, weil es sich in jedem Fall um einen Engriff handelt.
  Die Frage der Einwilligungsfähigkeit ist sehr kontrovers diskutiert worden. Frau Schlierer hat die Position des Justizministeriums und die von Herrn Wolf dargestellt, nach der möglichst viele Frauen in die Gruppe der Einwilligungsunfähigen hineindiagnostiziert werden sollten. Das hat uns alle erschreckt, weil das dann eine große Gruppe von Frauen treffen wird. Er hat ausgeführt, daß sich durch die Verfahrensregelung des Entwurfs der Kreis wieder eingrenzen wird. Die Gegenposition, auch von mir vertreten, ist die, daß das Problem dieser Regelung nicht die

beiden Pole sind: hier die Entscheidungsfähigen und dort die Entscheidungsunfähigen, sondern daß es das große Mittelfeld der Entscheidungslabilen gibt. Für diese – ob nun Verbot, wie es mir vorschwebt, oder Ermöglichung, wie im Gesetzentwurf – besteht immer das Problem der Gutachtenlage. Das ist auch eine Selbstkritik an einer Verbotsregelung. Da hat die Gruppe eine neue Idee aufgegriffen, die leider von Herrn Wolf bisher so nicht aufgenommen worden ist. Es gibt nämlich von der Lebenshilfe schon seit langem die Forderung: kein ärztliches, sondern ein interdisziplinäres Gutachten, das über einen längeren Zeitraum hinweg in einem intensiven Gesprächskontakt erstellt wird, der auch dokumentiert werden sollte, um genau festzustellen, wieviel Entscheidungsbeteiligung bei entscheidungslabilen Personen möglich ist.

Wolf:
Ich habe nie gesagt, daß der Kreis der Frauen, der nicht einwilligungsfähig ist, möglichst weit ausgedehnt werden soll, sondern ich appelliere, die Frage, ob jemand einwilligungsfähig ist, sehr genau zu prüfen, damit kein Personenkreis angeblich einwilligungsfähiger Frauen entsteht, der dann von den Gutachtern, von den Juristen, von den Ärzten, von den Eltern dahingehend manipuliert wird, das zu tun, was die anderen wollen. Wir müssen genau fragen: Welche Frauen sind in der Lage, die Einwilligungsfähigkeit zu erfüllen, nämlich die Einsicht zu haben und nach dieser Einsicht zu handeln? Und diese Forderung beinhaltet viel. Da ist große Sorgfalt notwendig, große Sorgfalt insbesondere bei den Gutachtern, aber auch bei den Erziehern und in der Umgebung. Dies ist mein Ansatz. Aber die Behauptung, ich wollte alle Frauen mit geistiger Behinderung einwilligungsunfähig machen, widerspricht haarscharf meiner Meinung.

Walter:
Die Konfrontation in der Arbeitsgruppe ist deutlich geworden; die 2 „Parteien" hier im Raum, nämlich die Befürworter und die Gegner des neuen § 1905, sind trotz aller Vermittlungsversuche in dieser Gruppe nicht zueinander gekommen. Das macht mich bedenklich im Blick darauf, was als Gesetzesvorhaben an der Stelle vorangebracht werden soll. Wir sind nicht weitergekommen. Leider waren die Politiker, die zu dem Gesetz ja oder nein sagen müssen, hier nicht dabei. Man muß an dieser Stelle sicher nicht nur juristisch, sondern auch politisch in der Weise weitermachen, daß man Mehrheiten nach der einen oder nach der anderen Seite bringen muß, im Bundesrat und im Bundestag. So kann es – denke ich jedenfalls – nicht sein, daß u. U. die eine oder die andere Meinung fast kompromißlos siegt. Zwei Drittel unserer Diskussion waren von diesem Grundkonflikt bestimmt, hinter dem unterschiedliche ideologische Positionen und Wertvorstellungen stehen.

Reis:
Ich bin froh darüber, daß durch die letzten Beiträge deutlicher geworden ist, was tatsächlich alles in der Arbeitsgruppe besprochen wurde.

Kuhn:
Ich möchte Frau Schlierer vorschlagen, den Bericht der Arbeitsgruppe 5 nicht weiterzuführen, weil die kontroversen Diskussionen um Positionen hier nicht wiedergebbar sind und sofort wieder zu weiteren Diskussionen führen.

Roller:
Ich bin Mutter einer 24jährigen geistig behinderten Tochter. Es betrifft mich persönlich sehr, was hier diskutiert wird. Ich habe in den letzten Jahren gelernt, meine eigenen Empfindungen ernstzunehmen. In diesen 2 Tagen hat in meinem Meinungsbildungsprozeß eine große Verunsicherung stattgefunden. Im Referat von Herrn Wolf hat mir alles sehr eingeleuchtet. Aber, Herr Wolf, Sie stehen unter einem ungeheuren Zeitdruck, das Gesetz im Bundestag zu verabschieden. Wenn ich höre, wie kontrovers hier diskutiert wird – Herr Wunder hat mich auch überzeugt –, dann ist es mir einfach unangenehm, daß Sie das unter Zeitdruck „durchpeitschen". Ich frage, ob nicht ein Teilergebnis unserer 2 Tage hier wäre, daß wir Herrn Wolf als „Hausaufgabe" mitgeben, nicht unter Zeitdruck zu handeln, sondern uns allen, die wir uns damit beschäftigen, mehr Zeit zu lassen.

Schmid:
Zu der Anregung von Frau Roller möchte ich an dieser Stelle feststellen, daß das Diakonische Werk der EKD in seiner Stellungnahme vom 10. 05. 1988 zum Betreuungsgesetz dringend darum gebeten hat, die Diskussion um die Sterilisation weiterzuführen und diese Problematik erst zu einem späteren Zeitpunkt und nicht im Rahmen des Betreuungsgesetzes zu regeln.

Krus:
Die Tagung war so, daß Professionelle über Menschen mit geistiger Behinderung sprachen. Wir haben bisher sehr wichtige Gedanken ausgetauscht. Ich bin außerordentlich dankbar, daß die Tagungsleitung auch behinderte Tagungsteilnehmer eingeladen hat und daß sie unter uns waren. Ich möchte aber sagen, daß wir nicht in dem Bewußtsein nach Hause fahren sollten, die behinderten Tagungsteilnehmer seien integriert gewesen. Auch aus der Rückmeldung in der Arbeitsgruppe 1 wurde deutlich: Sie haben ganz zu Anfang der Tagung das Angebot gemacht, daß wir mit ihnen über ihr partnerschaftliches Leben sprechen. Das Angebot wurde nicht aufgegriffen: Es wurde weiterhin *über* Behinderte gesprochen – und sie saßen unter uns! Wir sollten alle – das geht auch an mich – den Mut haben, den Begriff der Integration und der Teilhabe behinderter Menschen in derartigen Veranstaltungen zu überprüfen. Ich habe sehr dankbar zur Kenntnis genommen, wie fair, wie sensibel die behinderten Teilnehmer gestern in der Arbeitsgruppe über sich und über uns und mit uns sprachen. Es wäre eine heilsame Angelegenheit, vor allem für Professionelle – vielleicht erlauben mir auch Eltern, daß ich sie da einbeziehe –, einfach einmal am eigenen Körper zu erleben, wenn wir sogenannte Nichtbehinderte einem Forum Behinderter gegenüberstünden, die über unsere Sexualität sprechen und über unser Verhalten. Das einfach einmal nur auszuhalten, könnte ein heilsamer Prozeß in Richtung Selbsterfahrung sein. Ich weiß nicht, ob die

behinderten Tagungsteilnehmer sich immer wohlgefühlt haben bei allem, was wohlwollend über sie gesagt wurde.

Krebs:
Ich habe mich von einer Mutter vor einigen Jahren belehren lassen müssen, die ein schwerbehindertes Kind hatte, das ich jahrelang betreut habe. In einem Gespräch sagte sie auf einmal zu mir: „Sie tun so viel in der Behindertenarbeit, warum reden sie eigentlich immer von den geistig Behinderten? Das sind doch für Sie Menschen!" Das ist mir in die Knochen gefahren! Seitdem gebe ich mir große Mühe, nur noch zu sagen: Menschen mit einer Behinderung. Damit fängt Integration an, daß wir diesen Personenkreis zuerst als Menschen bezeichnen und dann evtl. hinzufügen, was da noch Besonderes ist. Denn ein Spastiker oder ein Mongoloider zu sein, ist kein Persönlichkeitsmerkmal.

Schlußforum

Partnerschaft und Sexualität bei geistig behinderten Erwachsenen

E. Keinath-Vogel

Im Schlußforum dieser Tagung soll es noch einmal um die unterschiedlichen Sichtweisen zum Thema Partnerschaft und Sexualität bei geistig behinderten Erwachsenen gehen – und um die Konsequenzen, die sich daraus für unser Denken und Handeln ergeben.

Die Erfahrungen dieser Tagung – die Sorgen und die Ratlosigkeit von Eltern, die ernüchternde Beschreibung der Defizite in unserer sozialen Realität und auch das Aufeinandertreffen z. T. unversöhnlicher Positionen – zeigen uns allen, auf welche schwierige und für viele Beteiligte beim jetzigen Diskussionsstand fast unlösbar erscheinende Fragen wir uns eingelassen haben bzw. wir uns einlassen *müssen,* weil uns die nach und nach bekannt gewordene Praxis der Sterilisation bei Menschen mit geistiger Behinderung dazu zwingt, Position zu beziehen und nach Handlungsmöglichkeiten zu suchen. Viele von Ihnen werden sich noch an die „Panorama"-Sendung im Oktober 1984 erinnern, die damals den Stein ins Rollen gebracht und einen schwierigen Diskussionsprozeß in Gang gesetzt hat, bei dem es kontroverse Positionen, kaum gesicherte Erkenntnisse, viele Vermutungen und Verdächtigungen gab und bis heute gibt, ohne daß eine Lösung in Sicht wäre, die auf breite Zustimmung aller Beteiligten rechnen könnte.

Die Diskussion um unterschiedliche Lösungen der Sterilisationsproblematik ist nicht zuletzt deshalb so schwierig, weil sie notwendigerweise mit der Erinnerung an eine Vergangenheit verbunden ist, in der Menschen in großer Zahl gegen ihren Willen sterilisiert worden sind. Der Diskussionsentwurf zum Betreuungsgesetz weist denn auch auf die furchtbaren Erfahrungen mit den Zwangssterilisationen des Dritten Reiches hin, die zu besonderer Vorsicht mahnen.

In vielen Gesprächen und Diskussionen – mit Eltern, mit Ärzten und Betreuern, mit Verbänden und Politikern und nicht zuletzt mit behinderten Menschen – ist wohl zunehmend deutlich geworden, daß wir gerade auch in Fragen der Partnerschaft und Sexualität bei geistig behinderten Menschen noch weit davon entfernt sind, mit unserer Forderung nach Normalisierung und Integration wirklich ernst zu machen. Wie aber kann die Normalisierung vorangebracht, wie kann das Recht auf Partnerschaft und Sexualität verwirklicht werden? In welchem Spektrum muß sich die Suche nach Lösungen im Interesse der Menschen mit geistiger Behinderung vollziehen?

Das Bundesministerium für Jugend, Familie, Frauen und Gesundheit hält eine gesetzliche Regelung für erforderlich, um den derzeitigen Zustand der Verunsicherung zu beenden und die betroffenen Menschen vor Mißbrauch zu schützen. Wir stimmen dem Vorschlag zu, die Sterilisation bei Minderjährigen zu verbieten. Wir begrüßen, daß es grundsätzlich keine Zwangssterilisationen geben darf. Wir halten ein ausnahmsloses Verbot der Sterilisation bei Volljährigen, die nicht selbst einwilligen können – zumindest im Hinblick auf schwerwiegende medizinische Gründe –, für nicht angemessen. Über mögliche andere Voraussetzungen einer gesetzlichen Regelung müssen noch weitere Gespräche geführt werden, die Meinungsbildung ist bei uns noch nicht abgeschlossen. Ich verweise auf den Referentenentwurf, in dem es heißt, die Entscheidung der Bundesregierung solle mit dem Vorschlag des § 1905 nicht vorweggenommen werden. Insbesondere sei auch zu prüfen, ob die Gründe für die Einwilligung des Betreuers in eine Sterilisation auf eine lediglich medizinische Indikation beschränkt werden sollen.

Aber welche Regelung auch immer schließlich verabschiedet werden wird – wir müssen die Frage der Sterilisation ohnehin in einen über den rechtlichen Bereich hinausgehenden größeren Zusammenhang stellen und uns fragen, welche Rahmenbedingungen für die Verwirklichung des Rechts auf Partnerschaft und Sexualität bei Menschen mit geistiger Behinderung notwendig sind. Dazu einige Überlegungen.

Die Möglichkeiten sexualpädagogischer Erziehung und Beratung sind bei weitem noch nicht ausgeschöpft. Auch hier in der Tagung haben wir wieder erfahren, daß sich bei entsprechender Förderung und Begleitung – z. B. in Wohngruppen – die Frage der Sterilisation zur Verhütung von Schwangerschaften oft gar nicht stellt, weil andere Möglichkeiten der Familienplanung genutzt werden können. Das dazu notwendige Wissen und Verständnis ist auch geistig behinderten Menschen vermittelbar. Solche pädagogischen Bemühungen müssen auf breiter Basis unterstützt werden, auch wenn dieses Lernen viel Zeit erfordert.

In vielen Einrichtungen für geistig behinderte Menschen hat die Diskussion über das Recht der Bewohner/innen auf Sexualität und Partnerschaft erst seit kurzem begonnen. Alle Beteiligten, auch die Mitarbeiter/innen in diesen Einrichtungen, stehen deshalb noch am Anfang eines Lernprozesses, dem jetzt und in Zukunft ausreichend Raum gegeben werden muß, um die heutige, vielfach noch sehr einschränkende Realität zu verändern. Notwendig sind z.B. auch Fortbildungsangebote, bei denen ein offener Umgang mit Fragen von Partnerschaft und Sexualität gelernt werden kann.

Auch die Frage, unter welchen Voraussetzungen und mit welchen begleitenden Hilfen geistig behinderte Menschen eine Familie gründen und eigene Kinder haben könnten, wird in der Bundesrepublik erst sehr vereinzelt gestellt. In anderen Ländern, etwa in Dänemark und Schweden, gibt es dazu ermutigende Erfahrungen. Es ist notwendig, solche Erfahrungen aufzugreifen und mit aller gebotenen Behutsamkeit umzusetzen, um die Integration geistig behinderter Menschen und das Prinzip der Normalisierung zu unterstützen. Denkbar sind doch z. B. folgende Möglichkeiten:

- Ein Elternteil ist nicht behindert, so daß die gemeinsame Betreuung und Erziehung eines Kindes nicht in Frage gestellt ist;
- das Kind wird in einer Pflegefamilie betreut, die engen Kontakt zur behinderten Mutter hält;

- das Kind lebt mit Mutter und/oder Vater in einer betreuten Wohngemeinschaft;
- die Familie kann in einem Mutter-Kind-Heim (manchmal ja auch: Eltern-Kind-Heim) aufgenommen werden.

Natürlich heißt das auch, daß in jeder individuellen Lebenssituation verläßliche Hilfen da sein müssen, die verhindern, daß die behinderten Menschen selbst oder ihre Eltern oder andere Betreuer/innen mit den sich aus der Möglichkeit der Fortpflanzung ergebenden Problemen alleingelassen werden.

Einige Kritiker fordern die Streichung des § 1905 aus dem Entwurf. Dies reicht aber zum Schutz der Betroffenen nicht aus: Die jetzige Diskussion wäre bald vergessen. Die Tatsache, daß nach allen Diskussionen und Vorschlägen letztlich keine Regelung zustande käme, würde dazu verleiten, an der bisherigen Praxis wieder anzuknüpfen. Die Bereitschaft dazu würde möglicherweise sogar verstärkt durch das Verbot des § 1631c für Minderjährige, denn daraus könnte der Umkehrschluß gezogen werden, daß die Sterilisation bei Volljährigen mit einer geistigen Behinderung erlaubt sei.

Auch das von einigen vorgeschlagene Moratorium führt sicherlich nicht weiter. Die Argumente liegen alle auf dem Tisch, sie würden zwischen Gegnern und Befürwortern eines solchen Aufschubs nur endlos weiter hin- und hergeschoben werden. Erst wenn das Thema der gesetzlichen Regelung definitiv abgeschlossen ist, ist der Weg frei für das eigentlich wichtige Thema: Was müssen wir tun und verändern, um dem Recht geistig behinderter Menschen auf Sexualität und Partnerschaft zu lebendiger und lebbarer Realität zu verhelfen?

Ärztliche Stellungnahme

H. Paris

Wenn über die Rolle des Arztes gesprochen worden ist, dann waren das vorwiegend negative Äußerungen im Blick auf die Sterilisation. Es gibt im Rahmen dieses Themas sicherlich nicht *den* Arzt und nicht *die* Ärzte. Ich möchte sie in 3 Gruppen einteilen: Ärzte sind in entsprechenden Einrichtungen für behinderte Menschen tätig. Das sind im Rahmen ihrer Kompetenz Fachleute wie alle hier. Ärzte werden gutachterlich tätig und beeinflussen das Schicksal dieser behinderten Menschen. Ärzte müssen Eingriffe ausführen, die man an sie heranträgt, das sind in der Regel Gynäkologen bzw. Urologen.

Zu der 1. Gruppe brauche ich in diesem Kreise nicht viel zu sagen, weil Sie selbst sie alle aus Ihren Einrichtungen kennen und sich ein Bild darüber machen, wie diese Ärzte mit behinderten Menschen umgehen. Es gehört zum Berufsbild des Psychiaters, auf diesem Gebiet gemäß der Weiterbildungsordnung der Ärztekammer eingehende Kenntnisse und Erfahrungen zu erwerben. Das gilt gleichermaßen für die Neurologen, sofern ein neurologisches Grundleiden vorliegt. Es ist eine Tatsache, daß wir zu wenig Weiterbildungsstätten haben, wo diese Erfahrungen gesammelt werden können, weil der Großteil der Psychiater durch die psychiatrischen Akutkliniken geht und nicht durch Einrichtungen, in denen vorwiegend behinderte Menschen betreut und behandelt werden. Ich kann keine Patentlösung anbieten, wie man das von heute auf morgen abschaffen kann.

Ein Gutachter – und das gilt nicht nur für Ärzte – gibt immer seine persönliche Meinung wieder. Ob er immer die notwendige Kompetenz hat, möchte auch ich in Frage stellen. Wenn ein Arzt ein Gutachten darüber abgibt, ob ein Mensch mit geistiger Behinderung einwilligungsfähig ist oder nicht, dann muß er im Umgang mit diesem Menschen Erfahrung haben, sonst würde auch ich ihn als inkompetent ablehnen.

Die Kompetenz der „Operateure" braucht man nicht anzuzweifeln. Ich meine nur, sie werden immer überfordert. Ich möchte das an einem Beispiel darstellen: Es kommt ein Behinderter oder eine Behinderte zusammen mit Betreuer oder Eltern zum Gynäkologen und verlangt von ihm eine Stellungnahme. Der Gynäkologe kann sich zu der Frage äußern, welche Verhütungsmaßnahmen durchgeführt werden können, ob die „Pille" genommen werden kann oder nicht und welche Risiken damit verbunden sind. Er kann für diese Person als wirkungsvolle Verhütungsmaßnahme und vielleicht risikoärmsten und letzten Ausweg die Sterilisation vorschlagen – und schon wird daraus das Gutachten gemacht: Der Arzt habe gesagt, da müsse man sterilisieren. Das ist sicherlich eine etwas falsche Interpretation. Deswegen – um das gleich vorwegzunehmen – fordern wir ja eine eindeutige juristische Regelung, damit klargestellt ist, wer sich wozu zu äußern hat. Der Gynäkologe kann sich nur zur medizinischen Indikation in bezug auf die Auswirkungen der verschiedenen Verhütungsmaßnahmen äußern. Das ist seine Aufgabe. Den Eingriff kann er danach selbst durchführen oder die Patientin überweisen.

Wird in die Richtlinien der Bundesärztekammer etwas hineininterpretiert, was sie gar nicht sein wollen? Im Vorwort zu diesen Richtlinien steht eindeutig: „Aufgrund der ungeklärten Rechtslage sieht sich die Bundesärztekammer veranlaßt, den Ärzten Hilfestellung zu geben, wie sie sich in dieser juristischen Grauzone bewegen sollen." Sie äußern sich nicht dazu, ob man überhaupt sterilisieren soll oder nicht. Etwas weiter geht die von der Bundesärztekammer am 11. November 1988 herausgegebene Stellungnahme zum jetzigen Diskussionsentwurf.

Die Bundesärztekammer hat keine Gesetzgebungskompetenz. Die Bundesärztekammer ist nichts weiter als eine Arbeitsgemeinschaft der einzelnen Landesärztekammern. Für den Arzt maßgebend ist das, was seine, im Land tätige, Ärztekammer sagt. Schon seit Jahren steht in § 6 der Berufsordnung – und das ist verbindliches Recht für den Arzt –:

> Das ärztliche Berufsrecht hält eine Sterilisation nur dann für erlaubt, wenn sie aus medizinischen, genetischen oder sozialen Gründen vorgenommen wird (§ 6 Musterberufsordnung für Ärzte).

Standeswidrig ist danach die sog. Gefälligkeitssterilisation. Ich frage hier: Wieviele Sterilisationen werden vielleicht doch aus Gefälligkeit durchgeführt, auch bei Menschen mit geistiger Behinderung, nur weil auf den Arzt eingeredet wird, er möge doch ... Damit ist es tatsächlich dem persönlichen Empfinden des durchführenden Gynäkologen überlassen, ob die Sterilisation durchgeführt wird oder nicht. Das kann wohl nicht so bleiben.

Es ist doch falsch zu sagen: Weil in der Vergangenheit Ärzte Zwangssterilisationen durchgeführt haben, die nach heutiger Auffassung zu verabscheuen sind, sind sie inkompetent. Mit gleichem Recht könnte ich sagen: Die damaligen Zwangssterilisationen haben nicht nur die Ärzte durchgeführt, sondern daran waren die Betreuer und die Anstaltsleiter beteiligt. Ist denen heute allen die Kompetenz abzusprechen, weiterhin geistig behinderte Menschen zu betreuen? Ich glaube, so geht das nicht. Mit Blick auf die Historie müssen wir das Thema heute neu anpacken, und alle daran Beteiligten müssen einbezogen werden.

Ich war etwas verwundert, daß gestern 2 kompetente Juristen auf die Frage, welches Recht Eltern auf Sterilisation ihres behinderten Kindes haben, 2 völlig konträre Aussagen zur Rechtslage machten, und dies offensichtlich, weil einer nicht dem anderen zustimmen konnte und umgekehrt. Aus meiner Sicht als Arzt stellt sich das folgendermaßen dar: Die Sterilisation ist eine Körperverletzung. Körperverletzung ist nur dann straffrei, wenn der Betroffene, an dem sie vorgenommen wird, in diese einwilligt, und die Einwilligung muß wirksam sein. Was nun eine wirksame Einwilligung ist, das will das Gesetz jetzt regeln.

In der Stellungnahme der Bundesärztekammer zum Gesetzenwurf heißt es, daß „eine Sterilisation geistig Behinderter immer nur als Ultima ratio in Betracht zu ziehen ist. Vor einer möglichen Sterilisation sind alle anderen Verhütungsmittel auszuschöpfen. Lediglich wenn im konkreten Fall der Betreuung die Vermeidung einer Schwangerschaft mit anderen Mitteln nicht möglich ist, darf eine Sterilisation in Betracht gezogen werden" (Entwurf einer Stellungnahme, erarbeitet von der Rechtsabteilung der Bundesärztekammer, Köln 1988). Die Bundesärztekammer sagt aber auch: Zum Schutze der Ärzte ist wegen der bestehenden rechtlichen Unklarheiten eine gesetzliche Regelung dringend vonnöten. Es kann niemand der Bundesärztekammer das Recht absprechenden, aus einer Fürsorgepflicht für ihre Ärzte diesen einen Leitfaden an die Hand zu geben, wie sie sich im Falle einer Sterilisation verhalten sollen – im wesentlichen ist es der Inhalt des neuen § 1905. Ich zitiere weiter aus der Stellungnahme:

> Nach Ansicht der Bundesärztekammer sollte die Möglichkeit der Sterilisation unter diesen Voraussetzungen jedoch nicht nur für volljährige Betreute möglich sein, sondern auch bei Minderjährigen. Die Frage der Schwangerschaftsverhütung stellt sich nicht erst ab dem 18. Lebensjahr, sondern tritt oftmals bereits im früheren Lebensalter auf. Würde man eine Sterilisation nicht einwilligungsfähiger Minderjähriger, wie im Entwurf in § 1631c (BtG-Entwurf) vorgesehen, vollständig ausschließen, so würde dies dazu führen, daß zwar eine Sterilisation geistig behinderter Minderjähriger verboten wäre, ein Schwangerschaftsabbruch bei vorliegender Indikation jedoch erlaubt wäre. Es stellt sich hier die Frage, ob nicht unter Umständen mit einem Schwangerschaftsabbruch eine höhere psychische Belastung der Behinderten verbunden wäre als mit einer Sterilisation (a.a.O).

Und ich füge hinzu: auch mit körperlicher Gefährdung. Sie sehen daraus, daß die offizielle Stellungnahme der Ärzteschaft hierzu nicht so ist, wie sie in manchen Beiträgen dargestellt worden ist. Sie ist nicht dafür, die Sterilisation Minderjähriger grundsätzlich zu untersagen.

Zusammenfassend ist festzustellen, daß sich die Bundesärztekammer zu der jetzigen Lösung, wie sie in § 1905 des Diskussionsentwurfs vorgesehen ist, positiv geäußert hat, immer unter dem Gesichtswinkel, daß wir eine Regelung brauchen, damit der Arzt nicht irgendwann am Pranger steht. Solange diese Regelung nicht da ist, müssen wir den Ärzten sagen: Halte dich an die Richtlinien der Bundesärztekammer.

Diskussion

Mohr:
Uns sind in dieser Tagung 4 Positionen dargestellt worden: 1) Es so zu belassen, wie es ist, 2) Verbot der Sterilisation bei Nichteinwilligungsfähigen mit geistiger Behinderung, 3) Neuregelung der Befugnisse der Betreuer, 4) Regelung ja, aber zur Zeit noch nicht. Außerdem haben wir einen Einblick in die Auseinandersetzung, in den „Kampf" zwischen 2 Ministerien bekommen. Wir werden es in dieser Schlußrunde nicht schaffen, einen Kompromiß dieser 4 Meinungen herbeizuführen.

Schäfer:
Seit 1984, seit die Diskussion öffentlich geführt wird, sind Sterilisationen in der Grauzone sehr zurückgegangen. Ob sie gegen null gegangen sind, weiß ich nicht. Jedenfalls habe ich nicht mehr gehört, daß etwa unter dem Deckmantel von Blinddarmoperationen weiterhin Sterilisationen durchgeführt worden sind. Ich bin auch nicht mehr von Eltern angegangen worden mit dem Wunsch, die Indikation eines Gynäkologen nervenärztlich abzusegnen. Deswegen ist mein Interesse, diese Bewußtseins- und Diskussionslage möglichst lange zu erhalten. Wenn jetzt das Gesetz kommt, habe ich die Befürchtung, daß die Diskussion vorerst einmal abgeschlossen und eine Scheinsicherheit verbreitet wird; Scheinsicherheit deshalb, weil der Gutachter in dem vorgesehenen Verfahren ein großes Gewicht hat, und zwar der ärztliche, in der Regel der nervenärztliche Gutachter. Nach der Weiterbildungsordnung für Ärzte ist der Nervenarzt verpflichtet, sich auch Kenntnis über geistig Behinderte zu verschaffen. Meine Erfahrung: Ich habe während meiner Facharztweiterbildung viel in Behinderteneinrichtungen gearbeitet und mit diesem Wissen den Umgang mit geistig Behinderten, etwa in den Ausbildungskrankenhäusern, beobachtet und auch den Umgang und die Einstellung der dort in Ausbildung befindlichen Kollegen gesehen. Dabei mußte ich feststellen und wage die Aussage, daß weit über 90% der Nervenärzte ihren Titel bekommen, obwohl sie über geistig Behinderte keine Kenntnisse erwerben konnten, bzw. daß sie, wenn sie Kontakt zu geistig Behinderten in diesen Institutionen hatten, völlig falsche Einsichten gewonnen haben. Wenn dieses Gesetz kommt, werden die Anträge auf Sterilisation mächtig hochgehen. Jeder Antrag ist gutachterlich zu behandeln. Dann wird man Ärzte, die von geistig Behinderten etwas verstehen, mit einer Flut von Gutachteranträgen überhäufen, die nicht zu schaffen ist. Andererseits werden nervenärztliche Kollegen zu Gutachtern gemacht oder gedrängt. Was das für Folgen haben kann, kann man etwa auf einem anderen Gebiet nachlesen, z. B. in dem Buch von Regina Pickel-Bosser (siehe S. 9). Sie hat dort das Gutachten eines Amtsarztes, der einer normal intelligenten Frau, sicherlich in der Überzeugung, er verstehe etwas von ihrer Behinderung, Dinge angehängt hat, die für ihren weiteren Lebenslauf wirklich katastrophal sind – was er wahrscheinlich, als ihm das zurückgespiegelt worden ist, mit Schrecken eingesehen hat. Aber dann ist in der Regel die betreffende Behinderte bereits sterilisiert.

Müller-Erichsen:
Ich möchte noch einmal in aller Kürze als Mutter eines behinderten Sohnes sagen, daß ich für ihn wünsche, daß auch er von der Allgemeinheit akzeptiert wird und daß

er unter den gleichen Grundrechten steht wie wir alle. Das heißt: Er kann eine Familie gründen, er kann seine Sexualität ausleben, er hat ein Recht auf Kinder. Ob er diese Kinder bekommen will oder zu welcher Meinung wir zusammen oder er alleine kommen, dieses will ich mit ihm diskutieren, und dafür brauche ich Zeit. Ich denke, es könnte auch sein, daß wir uns einigen, daß eine Sterilisation sinnvoll ist. Es ist ja nicht so, daß wir sagen: Keiner darf sterilisiert sein. Ich bin der Meinung, auch geistig Behinderte können darüber reden und darüber nachdenken. Aber wir Eltern und auch die Mitarbeiter brauchen Zeit, um mit unseren geistig behinderten Mitmenschen dieses Thema zu diskutieren. Experten haben bestätigt, daß wir noch gar nicht genau wissen, was man mit geistig Behinderten alles besprechen kann, daß wir da noch ganz am Anfang sind. Wir haben es ja in der Entwicklung der Geistig-Behinderten-Pädagogik erlebt: Was haben wir in den letzten 20 Jahren alles erfahren, was geistig behinderte Menschen können und wie sie mit uns zusammen leben können! Ich habe großes Verständnis dafür, daß wir Eltern darüber auch noch nachdenken müssen. Ich selbst habe 2 Jahre gebraucht, in denen ich im Ausschuß der Bundesvereinigung mitgearbeitet habe, um meinen Standpunkt zu klären. Ich erlebe viele Eltern, für die dieses Thema neu ist, und wir müssen Verständnis dafür haben, daß auch diese Eltern Zeit brauchen, um sich mit diesen früher tabuisierten Gedanken auseinanderzusetzen.

Ich möchte Herrn Schäfer unterstützen. Ich habe Angst vor einem Gutachten nur *eines* Arztes über meinen Sohn. Ich habe entsprechende Erfahrungen in Gießen, die mir große Sorgen machen. Wenn der Behinderte selber und seine Betreuer der Meinung sind, eine Sterilisation sei die richtige Methode der Schwangerschaftsverhütung, dann müssen mehrere Gutachter die Stellungnahme abgeben.

Mondry:
Wenn man Partnerschaft und Sexualität in einer Einrichtung ermöglicht, stützt und fördert, hat das nicht nur Konsequenzen für die Gruppe, die in Partnerschaft lebt, sondern für die ganze Einrichtung und auch für den Teil der Menschen mit Behinderung, die nicht in einer Partnerschaft leben. Denn damit muß ein anderes Denken in unsere Köpfe. Ich beobachte das dort, wo ein Mensch mit einer Behinderung einen anderen zum Partner wählt. Lassen wir dieses Wählen zu! Wir wählen nicht für ihn, sondern er oder sie wählt sich eine Partnerin oder einen Partner. Damit kommt ein Aspekt herein, den Prof. Walter andeutet. Damit bekommt der Gesamtstil eine andere Richtung. Es geht nicht um die Ermöglichung einer Nische, in der Menschen mit Behinderung paarweise zusammenleben können, und der übrige Rest lebt genauso weiter wie bisher, sondern der Stil wird sich dahin verändern müssen, daß wir Menschen mit Behinderung Partnerschaftsfähigkeiten ermöglichen, sie zu Subjekten machen und nicht als Objekte betreuen. Wir müssen versuchen, ihre Begleiter zu werden und mit Hilfen, die wir anbieten und die angemessen sind, die Wege zu begleiten, die sie gehen und gehen wollen. Dies wird auch die Schwerstbehinderten betreffen, für die eigentlich nie Partnerschaft oder Sexualität in Frage kommen; sie werden davon profitieren, daß wir in der Begleitung von Paaren etwas von der Menschenwürde der Menschen mit Behinderung gelernt haben. Diese Veränderung, denke ich, wird ganz wichtig sein. Wir werden sehr genau nachdenken müssen über die Frage der Raumlösung, der Art

und Weise, wie wir auf Menschen mit Behinderung zugehen, wie wir das Betreuungskonzept verändern.

Wir sind in Alsterdorf gerade dabei, aus diesen Gründen der Stiftung nicht nur einen anderen Namen zu geben, sondern auch eine andere Struktur. Wir gehen nicht mehr von Häusern und Einrichtungen aus, sondern möchten von den Interaktionen zwischen denen ausgehen, die helfen, und denen, die die Hilfen annehmen, und darauf die Leitungsstruktur aufbauen. Die Dienstleistungen sollen differenziert werden, damit sie den Wahlmöglichkeiten, die Eltern behinderter Menschen haben, entsprechen und wir mit dem Heimvertrag kein Entmündigungsverfahren in Gang setzen – und zwar jetzt nicht auf der rechtlichen Seite, sondern indem wir Biographien zulassen, Menschen die Subjektivität wiedergeben, die sie nicht haben. Dann werden wir über Einwilligungsfähigkeit ganz anders reden können. Wir haben noch eine lange Geschichte vor uns, bevor wir überhaupt wissen, wie ein Gutachten aussehen könnte. „Nicht einwilligungsfähig" – bescheinigen wir uns damit unsere Inkompetenz, unsere Unfähigkeit, jemanden in eine Einwilligungsfähigkeit hineinzubringen, weil wir seine Subjektivität ständig unterdrückt haben?

Schmid:
In Württemberg beschäftigen wir uns schon seit den 70er Jahren in regelmäßigen Abständen intensiv mit der Frage von Partnerschaft der Menschen mit geistiger Behinderung. Das Thema kam in regelmäßigen Abständen in der Württembergischen Landessynode zur Sprache. Wir wurden immer wieder kritisch gefragt, wie wir zu den Thesen stehen, die wir im Jahre 1980 zu diesem Thema veröffentlicht haben. Eine davon lautete: „Die Anwendung von Verhütungsmitteln bzw. eine Sterilisation muß von Fall zu Fall gewissenhaft überlegt werden. Die Zeugung von Kindern sollte jedenfalls verhindert werden." Das war die 1980 zu Papier gebrachte Meinung; daß es hier Weiterentwicklungen gibt, hat sich ja bei dieser Tagung gezeigt.

Gerade als diakonische Einrichtungen sollten wir immer mehr das Wort „christlich" mit „menschlich" gleichsetzen. Dies ist so zu verstehen, daß wir Menschen, die in unseren Heimen und Einrichtungen leben, wirklich das zugestehen, was wir jedem Menschen zugestehen, z. B. das Recht auf Sexualität oder das Recht auf eine intime Privatsphäre. In vielen Einrichtungen ist es heute noch gang und gäbe, daß behinderte Menschen in Sälen untergebracht sind, dort tagtäglich schlafen und wohnen müssen, mit 5 oder 6 Betten und ohne Kleiderschrank, geschweige denn einer eigenen Naßzelle – das sagt doch etwas darüber aus, wie wir mit der Würde behinderter Menschen umgehen. Das paßt in den Zusammenhang, über den wir in diesen Tagen geredet haben. Wir müßten sehr schnell und sehr gründlich auch darüber nachdenken, was wir Menschen mit Behinderung in unserer Gesellschaft zugestehen. Wenn wir da einen Schritt weiterkommen, dann können wir über die Fragen von Partnerschaft und Sexualität viel normaler reden, als das heute noch der Fall ist.

Wunder:
Es gibt eine ganze Latte von vergessenen Themen dieser Tagung. Die Frage ist, ob wir sie nur vergessen haben, weil wir alle den „Sterilisationsentwurf" diskutieren wollten, oder ob es dafür auch andere Gründe gibt. Mir geht es so: Je mehr wir in Alsterdorf über Sexualität reden, um so mehr kommt uns Betreuern ins Bewußtsein, wie

vielfältig Sexualität ist, nicht nur bei uns, sondern gerade auch bei behinderten Menschen. Es stellen sich dann Fragen wie: Wie gehen wir als Betreuer damit um, wenn Behinderte häufig wechselnden Geschlechtsverkehr haben? Wie gehen wir mit homosexuellen Verhältnissen um? Das stellt an viele Mitarbeiter und Eltern ungeheuerlich große Probleme – noch größere als im Nichtbehindertenbereich. Wie gehen wir damit um – das Problem hatten wir gerade kürzlich bei uns –, wenn sich eine gute Zweierbeziehung plötzlich als Dreiecksverhältnis herausstellt? Wo bleibt die Norm unserer meist monogam gedachten Partnerschaft? Wie weit dürfen wir unsere Normen auf die Beratung oder vielleicht sogar auf die Trennung von Beziehungen übertragen? Alle Mitarbeiter und alle, die sich mit dem Thema beschäftigen, müßten zuallererst sexualkundliche Selbsterfahrung betreiben, um ihre eigenen Normen und Werte gerade bei dem Begriff Partnerschaft zu hinterfragen und vielleicht auch zu relativieren, bevor sie anderen etwas aufschwätzen.

Walter:
Was Herr Mondry andeutet, ist so etwas wie ein Paradigmenwechsel in der Behindertenpädagogik, d. h. sie von ganz anderen, pädagogischen Denkansätzen her zu reflektieren. Bisher wurde das alles unter dem Aspekt „Helfersyndrom" diskutiert. Diesen Begriff müssen wir verlassen, um den geht es letztlich gar nicht, sondern es geht um Machtgefälle zwischen den Helfern und denen, die sich selber nicht äußern oder für deren Äußerungen sie zu wenig sensibilisiert sind. Dieser Paradigmenwechsel ist m. E. im Behindertenbereich gerade erst in den Anfängen. Diese interaktionistische Sicht, mich als letztlich gleichwertigen, gleichrangigen Partner zu verstehen, obwohl ich dafür bezahlt werde, ist auch ethisch, kirchlich, christlich viel mehr durchzudiskutieren, als wir das bisher getan haben. Das haben wir all die Jahrhunderte nicht sehen wollen. Wir haben uns als barmherzigen Samariter gesehen, nicht als Partner, als Wegbegleiter dessen, der menschlich mit mir zusammen, wenn auch strukturell von mir abhängig, unterwegs ist. Diese theologische Zuspitzung müssen wir viel schärfer in den Blick bekommen. Statt „erziehen" also „begleiten"!

Eine Zuspitzung: Kirchliche Einrichtungen sind Tendenzbetriebe. In kirchlichen Einrichtungen neigen wir dazu, eine bestimmte „kirchliche" und weniger „evangelische" christliche Sicht überzustülpen – also das, was sich als Sexualmoral bürgerlichen Lebens herausgebildet hat – und zu meinen, das sei christliches Wegbegleiten in der Sexualpädagogik.

Roller:
Ich sehe, daß diese Tagung aus Versehen, vielleicht auch aus Notwendigkeit durch den neuen § 1905 ein so großes Gewicht bekommen hat, möchte aber als Tagungsteilnehmerin den Antrag stellen, daß wir als ein Teilergebnis unserer Tagung empfehlen, daß dieser Paragraph aus dem Gesetzesbündel herausgenommen wird, damit wir alle mehr Zeit im Sinne des von Herrn Walter beschriebenen Umdenkens haben.

(Dem Antrag stimmte die Mehrzahl der Tagungsteilnehmerinnen und -teilnehmer zu, bei einigen Gegenstimmen und vielen Enthaltungen. Im Verlauf der Abstimmung kam es zu einer Verfahrensdebatte. Gegen die Abstimmung wurde u. a. geltend gemacht, daß sie nicht angekündigt worden war sowie der Antragsinhalt nicht in Rede und Gegenrede behandelt werden konnte.)

Walter:
Wenn wir nur das Abstimmungsergebnis pro und contra Sterilisation bei geistiger Behinderung aus dieser Tagung mitnähmen, wäre das sehr schade. Das ist mit Sicherheit nur der aktuell zugespitzte Punkt. Es geht mir darum, wie wichtig Sexualpädagogik ist, wie wichtig unser Menschenbild ist, wie wichtig es ist, wie wir die Menschen mit geistiger Behinderung sehen. Wenn wir daran weitermachen, in unseren Einstellungen und bei der konkreten Arbeit in den Einrichtungen, dann hätte die Tagung m. E. einen weit wichtigeren Stellenwert und Sinn gehabt.

Anhang A

Partnerschaft und Sexualität im Zusammenleben geistig behinderter Menschen.
Orientierungshilfen und Richtlinien für Mitarbeiter im Behindertenbereich
Evangelische Stiftung Alsterdorf (Hrsg) 1988

I. Aus dem Auftrag der Evangelischen Stiftung Alsterdorf

Die Evangelische Stiftung Alsterdorf übernimmt mit der Aufnahme eines geistig behinderten Menschen die Verpflichtung, für sein Wohlergehen und seine Weiterentwicklung Sorge zu tragen.

In diesem Auftrag, den die Stiftung als Freier Träger stellvertretend für die öffentliche Sozialhilfe wahrnimmt, sind Normalisierung der Lebensbedingungen, Erziehung zur Selbständigkeit und Hilfe zur Eingliederung wesentliche Bestandteile.

Die ganzheitliche Entwicklung des einzelnen beinhaltet die Annahme der eigenen Geschlechtsrolle; daher muß die Geschlechtserziehung ein integraler Bestandteil der Gesamterziehung sein.

II. Geschlechtserziehung und Persönlichkeitsentwicklung im allgemeinen und in ihrer Bedeutung für geistig behinderte Menschen

1) Allgemeine Aussagen

a) Menschliche Sexualität ist eine aufbauende und lebenserhaltende Kraft in allen Altersstufen. Sie äußert sich als Fähigkeit, in bezug auf Menschen und Dinge Lebensfreude zu erfahren und zu geben, und ist damit eine nach außen und auf sich selbst gerichtete Kraft.

b) Sexualität ist nicht durch Instinkte eindeutig festgelegt, sondern unterliegt der Formung durch kulturelle/gesellschaftliche Bindungen und Normen. Prinzipiell besteht die Möglichkeit, Sexualität/(Fortpflanzung) und Partnerschaft/Liebe einerseits als untrennbar zu werten, aber andererseits auch als voneinander unabhängig zu betrachten. Norm- und Wertgefüge entscheiden über die jeweilige Einstellung.

c) Im Laufe der Entwicklung eines Menschen tritt Sexualität in verschiedenen Verhaltensformen in Erscheinung. Ihre Bedeutung ist weitestgehend auf die

menschliche Funktion ausgerichtet und ist somit eine soziale und darüber hinaus auch eine gesamtgesellschaftliche Lebensäußerung.
d) Im Umgang mit Sexualität treten unterschiedliche Bewältigungsmuster und Erscheinungsformen auf. Wird Sexualität positiv verarbeitet, so wird sie bejaht und anderen gegenüber toleriert. Werden sexuelle Bedürfnisse im Laufe der Entwicklung jedoch nicht in die Gesamtpersönlichkeit integriert, können bewußte oder unbewußte Vorgänge wie Unterdrückung, Verdrängung, Ersatzbefriedigung etc. an die Stelle treten.
e) Die Einstellungen von erziehenden Personen zur Sexualität werden jedem heranwachsenden Menschen, also auch dem Behinderten, in seiner Entwicklung vermittelt und bestimmen wesentlich mit, wie er seine Geschlechtsentwicklung sowie seine sexuellen Bedürfnisse bewältigt.

2) Aussagen unter dem Aspekt der geistigen Behinderung

a) Die Vorurteile geistig behinderten Menschen gegenüber schließen auch den Bereich der Sexualität mit ein. Da sie in vielen Bereichen den gesellschaftlichen Anforderungen nicht entsprechen, weil sie z. B. ästhetische Wertvorstellungen nicht erfüllen oder im Arbeitsbereich den Leistungsanforderungen nur bedingt entsprechen, wird ihnen häufig auch das Recht auf Sexualität abgesprochen.
b) Verlangsamung oder auch Stillstand der Entwicklung eines geistig behinderten Menschen kann zu unterschiedlicher Beurteilung seiner Sexualität führen: die Skala der Vorurteile reicht von Geschlechtslosigkeit bis zu starker Triebhaftigkeit.
c) Nicht normgerechtes Sexualverhalten bei geistig behinderten Menschen muß daher nicht zwangsläufig Folge einer Primärschädigung sein. Es kann auch das Ergebnis einer auf Ersatzbefriedigung ausgerichteten Erziehung sein, die die Entwicklung hemmt, behindert oder auch pathologisiert.
So sind auffällige Formen sexuellen Verhaltens oft zurückzuführen auf ein Fernhalten von einer Entwicklung zur partnerschaftlichen Sexualität oder auf lange Verwahrung mit gleichgeschlechtlichen Menschen.
d) Um der menschlichen Verarmung und Isolierung entgegenzuwirken, muß der spezifischen Individualität des geistig behinderten Menschen und seinen Entwicklungsmöglichkeiten Rechnung getragen werden. Geschieht das nicht, so könnte die Folge sein, daß sich die Grundantriebe nicht in die Gesamtpersönlichkeit integrieren und dann oft zwangsläufig in aggressive Handlungen münden.

3) Geschlechtserziehung als integrierter Teil der Gesamtentwicklung

a) Bei geistig behinderten Menschen wird zum Teil beobachtet, daß die Entwicklung in unterschiedlichen Bereichen stark voneinander abweichend verläuft. Besonders hervorstechen kann der Unterschied zwischen der körperlichen Entwicklung auf der einen und der psychischen, sozialen und intellektuellen auf der anderen Seite.

Dadurch können für behinderte Menschen erhebliche Spannungen entstehen und Schwierigkeiten erwachsen, ihre sexuellen Bedürfnisse in die Person zu integrieren. In diesem Zusammenhang wird auch die Zuschreibung zu einem Lebensalter – Kind oder Erwachsener – problematisch.

b) Die unterschiedlichen Erscheinungsformen von Sexualität sind nicht auf ein bestimmtes Lebensalter bezogen, sie müssen jeweils im Rahmen der Gesamtentwicklung gesehen werden.

Sie können als Durchgangsphase auftreten, müssen aber gegebenenfalls als angemessenes dauerhaftes Verhalten akzeptiert werden – z.B. die Form der Selbstbefriedigung, wenn die Fähigkeit eines behinderten Menschen zu sozialen Kontakten erheblich eingeschränkt ist.

c) Die Befriedigung dieser Bedürfnisse in eine annehmbare soziale Form zu bringen und Menschen mit Behinderungen einerseits vor der öffentlichen Mißbilligung und Isolation und andererseits vor Ausnutzung und Ansteckung zu schützen, ist die Aufgabe der betreuenden Personen (vgl. Papier Aidsgegenmaßnahmen).

d) Die pädagogische Unterstützung bei der Geschlechtsentwicklung kann nicht nur als Anleitung zur Beherrschung des Sexualtriebes verstanden werden. Die Reifung eines Menschen zur Frau oder zum Mann ist nicht nur eine Folge des reifenden Sexualtriebes, sondern das Ergebnis einer Vielzahl verschiedener entwickelter Eigenschaften und Fähigkeiten.

Die Entfaltung und Stärkung emotionaler Kräfte dienen unmittelbar der Geschlechtserziehung und sind die Voraussetzungen für die Entfaltung einer partnerschaftlichen Sexualität.

Im weitesten Sinne gehört zu dieser Erziehung im Vorfeld der Sexualität die gesamte Hinführung behinderter Menschen zu einem angemessenen Sozialverhalten.

4) Partnerschaftserziehung

a) In den Wohngruppen sollten sexualpädagogische Überlegungen Teil eines Konzeptes sein.

Von den Mitarbeitern muß erwartet werden, daß sie im Interesse der Bewohner dieses Konzept einheitlich handhaben.

b) Eine vertrauensvolle kontinuierliche Begleitung geistig behinderter Kinder, Jugendlicher und Erwachsener im Rahmen normalisierter Lebensbedingungen bildet die Voraussetzung zur Anleitung und Förderung von partnerschaftlichem Umgang.

Das konkret faßbare Erleben partnerschaftlichen Umgangs ist dabei für die Bewohner von besonderer Bedeutung. Es wird deutlich im vorbildhaften, partnerschaftlichen Miteinander der betreuten Personen, in der ehrlichen, partnerschaftlichen Annahme des Behinderten und einem respektierenden Umgang mit ihm durch die Mitarbeiter. Voraussetzung für angemessene Hilfen zur Partnerschaftsbeziehung ist dabei immer auch eine positive Grundeinstellung gegenüber dem Menschen und seinen psychosexuellen Bedürfnissen.

c) Der Aufbau von Partnerschaft bei geistig behinderten Menschen erfolgt durch Anbahnung und Förderung von Freundschaften, durch Koedukation in den verschiedenen Lebensbereichen (Wohnen, Arbeit, Freizeit, Schule, Förderstätte etc.) und nicht zuletzt durch die Schaffung und Tolerierung ihrer Privatsphäre. Darüber hinaus sollten die Möglichkeiten des Behinderten, aus eigener Initiative sowohl innerhalb als auch außerhalb der Einrichtung Kontakte zu knüpfen, immer wieder neu überdacht werden.

Dies bezieht sich einerseits auf eine Erweiterung des Angebotes als äußere Bedingung und andererseits auf den jeweiligen Entwicklungsstand des Behinderten. Der vertrauensvolle Umgang mit anderen als Grundlage partnerschaftlicher Verständigung sollte gezielt gefördert werden.

d) Inhalt und Ausgestaltung der Beratung und Aufklärung des Behinderten in allen Fragen von Beziehungen müssen sich stets individuell am Entwicklungsstand der Gesamtpersönlichkeit orientieren.

e) Die Hilfestellungen für den Bewohner sollten das positive Wahrnehmen der eigenen Körperlichkeit und das Kennenlernen seines Körpers umfassen, um zu einem liebevollen Umgang mit dem eigenen Körper hinzuführen und Körpererfahrungen verschiedenster Art zu ermöglichen. Zu diesen Erfahrungen zählen (gemeinsame) Bewegung, die Leistungsfähigkeit des Körpers und sein Wohlbefinden genauso wie die zugewandte Pflege des eigenen Körpers und die damit verbundenen angenehmen Gefühle.

f) Grundsätzlich ist jede Art von partnerschaftlicher Beziehung zu unterstützen; das schließt auch homosexuelle Beziehungen ein, die als eine Form partnerbezogener Sexualität zu akzeptieren sind.

In allen Erscheinungsformen von Partnerschaft sollte vorausgesetzt werden, daß sie den betreffenden Partnern Entwicklungsmöglichkeiten bieten und belassen.

g) Sexuelle Bedürfnisse und Handlungen behinderter Menschen sind im Grundsatz zu akzeptieren, strafendes Verhalten ist unzulässig.

Im Einzelfall kann es jedoch erforderlich sein, den Bewohner an Formen sexuellen Erlebens und Verhaltens heranzuführen, die von der sozialen Gemeinschaft akzeptiert werden können, damit er nicht durch sein Verhalten abgelehnt und isoliert wird. Das schließt mit ein, daß er ein seiner Lebenssituation angemessenes Schamgefühl entwickeln kann und daß dies berücksichtigt wird.

Die Form der Hilfe muß gewährleisten, daß der Behinderte sich in seinem Menschsein und mit seinen Bedürfnissen angenommen fühlt, sie muß jeweils auf den einzelnen individuell abgestimmt sein.

III. Problemstellungen

1) Selbstbefriedigung sollte als eine normale Entwicklungserscheinung oder – wie schon unter 3 b) erwähnt – als angemessenes Verhalten akzeptiert werden. Es sei denn, gesicherte Erkenntnisse weisen darauf hin, daß die Selbstbefriedigungspraxis des Behinderten z. B. excessive Formen annimmt oder andauernd angstbesetzt ist (Flucht in die Onanie). In solchen Extremfällen werden sich die Mitarbeiter gemeinsam um eine Ursachenfindung und -beseitigung bemühen und gegebenenfalls Rat einholen müssen.

2) Auf sexuelle Kontakte zwischen behinderten Menschen sollte dann aktiv eingewirkt werden, wenn die Gefahr von Ausnutzung erzwungener Abhängigkeit oder Gewaltanwendung sowie Verführung gegeben ist.
3) Erweist sich praktische Hilfestellung (z. B. bei der Selbstbefriedigung eines Schwerstbehinderten) als unumgänglich und sind alle Möglichkeiten verbaler Vermittlung oder medialer Anleitung versucht und ausgeschöpft worden, müssen die Mitarbeiter gemeinsam beraten, ob moralisch und emotional zumutbare Lösungen für den Betroffenen gefunden werden können.
4) Im besonderen bei der sexualpädagogischen Anleitung des geistig behinderten Menschen muß der Mitarbeiter darauf achten, daß er nicht emotionale Erwartungen bei ihm aufweckt, die er nicht zufriedenstellen kann und will.
5) Grundsätzlich wird sich der Mitarbeiter – unabhängig vom „Behinderungsgrad" – um sehr sensibles Vorgehen bemühen und immer wieder vergewissern müssen, daß der Behinderte anleitende Gespräche nicht als unbeabsichtigtes Versprechen versteht.
6) Jeder Mitarbeiter muß befugt sein, auch seine physische Integrität gegenüber dem Bewohner sicherzustellen.

Anhang B

Antrag der Leiter Diakonischer Einrichtungen an die Nordelbische Synode:
Amtshandlungen für Menschen mit geistigen und seelischen Behinderungen

In der christlichen Gemeinde und ihren diakonischen Einrichtungen leben Menschen mit geistigen und seelischen Behinderungen. Sie brauchen für ihre Lebensführung in besonderer Weise die Erfahrung des Segens Gottes und die Gewißheit, Glieder am Leib Christi zu sein.

Amtshandlungen als Segenshandlungen der Kirche sind für sie besondere Stationen der Vergewisserung des segnenden Gottes und des Eingewurzeltseins in die Gemeinde, in der einer des anderen Last trägt. Menschen mit Behinderungen gehören zum Reichtum der Gemeinde.

Die Vorbereitung und Gestaltung der Segenshandlungen hat sich den unterschiedlich eingeschränkten Lebensmöglichkeiten der Menschen mit Behinderung anzupassen.

Das bedeutet für:

1) die Taufe:
Die Kirche ermutigt Eltern, ihre Kinder mit Behinderungen zur Taufe zu bringen. Denn in der Taufe erfahren diese getauften Kinder, ihre Angehörigen und die gesamte Gemeinde, daß jedes Kind, das von einer Mutter geboren ist, auch zur Gliedschaft im Leib Christi berufen ist.

2) die Segnung von Partnerschaften:
Menschen mit geistigen und seelischen Behinderungen können beglückende Partnerschaften zwischen Mann und Frau erleben. Sie sind vom Segen Gottes nicht ausgeschlossen. Darum bietet die Kirche ihnen eine Segnung ihrer Partnerschaft an, wenn aus rechtlichen Gründen eine Eheschließung nicht möglich ist. Die wesentlichen Elemente der Segenshandlung sind: Verkündigung des Wortes Gottes, gegenseitiges Versprechen von Liebe und Treue, Segenshandlung, Fürbitte der Gemeinde.

3) die Beerdigung:
Menschen mit geistigen und seelischen Behinderungen sind für ihre Lebensführung nur eingeschränkt verantwortlich. Aus diesem Grunde soll bei der Beerdigung vor allem anderen der seelsorgerliche Aspekt Vorrang haben. Das bedeutet, die Zugehörigkeit zur Kirche ist nicht das ausschlaggebende Kriterium für die Durchführung der vollen kirchlichen Beerdigung.

Anhang C

Treuegelöbnis

In den Heimen der „Evangelischen Stiftung Alsterdorf" wird ein „Treuegelöbnis" praktiziert. Pastor R. Mondry schreibt dazu:

> Die Einführung dieses „Treuegelöbnisses" hat zu tun mit dem Übergang einer geschlechtergetrennten Heimerziehung zu einem gemischtgeschlechtlichen Leben, Arbeiten und Wohnen. Zwischen behinderten Männern und Frauen bilden sich Freundschaften, verläßliche Lebensbeziehungen, in denen Füreinanderdasein, Zärtlichkeit und Aufmerksamkeit im Vordergrund stehen und die Lebensintensität vertiefen.
>
> Mit der Einführung des „Treuegelöbnisses" versuchen wir eine gestaltete und verantwortliche Lebensführung miteinander zu fördern und zu unterstützen. Wir führen dies „Treuegelöbnis" nur mit den behinderten Paaren durch, bei denen eine Entmündigung eine Eheschließung und Trauung verhindert.
>
> Der Ablauf sieht so aus:
>
> Wenn sich aufgrund der seelsorgerlichen Begleitung (Gespräche mit den Betroffenen, Eltern, Vormündern, Mitarbeitern) der Eindruck vertieft, daß eine Beziehung zwischen zwei behinderten Bewohnern für diese beiden wichtig und andauernd sein kann, wird das Treuegelöbnis vorbereitet und durchgeführt.
>
> Fakultativ ist die Teilnahme der Betroffenen und anderer am Vormittagsgottesdienst, Abkündigung des Treuegelöbnisfestes, Fürbitte der Gemeinde.
>
> Das Fest selbst hat einen mehr privaten Charakter. In einem festlich geschmückten Raum treffen sich das Paar, Angehörige, befreundete Mitbewohner und Mitarbeiter. In dieses festliche Zusammensein ist das „Treuegelöbnis" mit folgendem Ablauf integriert:
>
> - Eingangschoral,
> - Ansprache des Pastors über ein Bibelwort und die Gabe und Verantwortung gemeinsamen Lebens,
> - Frage an das Paar:
>   Vor Gott und uns allen hier frage ich Euch beide nun:
>   Wollt Ihr Euch gegenseitig die Treue halten, Euch ergänzen und Kraft und Hilfe von Gott annehmen, so sagt:
>   Ja, wir wollen es,
>   Gott helfe uns dazu.
>   So gebt Euch nun die Ringe an die Hand als ein Zeichen für Eure treue Verbundenheit.
> - Gebet, Vaterunser, Segen,
> - Lied.

Seit 1979 wird diese Praxis geübt. Es gibt 15 Paare, die z. T. weiterhin getrennt wohnen, z. T. aber auch gemeinsam in einer Wohngruppe oder eigenen Wohnung leben. In der baulichen Planung nehmen wir auf diese Entwicklung Rücksicht, um mehr gemeinsames Leben und Wohnen zu ermöglichen.

Gesprächsabende, die in das Thema „Freundschaft und Sexualität" einführen, unterstützen die Vorbereitung auf ein gemeinsames Leben.

MIX
Papier aus verantwortungsvollen Quellen
Paper from responsible sources
FSC® C105338

If you have any concerns about our products,
you can contact us on
ProductSafety@springernature.com

In case Publisher is established outside the EU,
the EU authorized representative is:
**Springer Nature Customer Service Center GmbH
Europaplatz 3, 69115 Heidelberg, Germany**

Printed by Libri Plureos GmbH
in Hamburg, Germany